商业模式全案

商业模式及案例全案流程拆解

朱圣开 ◎ 著

中国商业出版社

图书在版编目（CIP）数据

商业模式全案：商业模式及案例全案流程拆解 / 朱圣开著. -- 北京：中国商业出版社，2024.6
ISBN 978-7-5208-2908-3

Ⅰ.①商… Ⅱ.①朱… Ⅲ.①商业模式—研究 Ⅳ.①F71

中国国家版本馆CIP数据核字(2024)第095267号

责任编辑：郑　静
策划编辑：刘万庆

中国商业出版社出版发行
（www.zgsycb.com　100053　北京广安门内报国寺1号）
总编室：010-63180647　　编辑室：010-83118925
发行部：010-83120835/8286
新华书店经销
香河县宏润印刷有限公司印刷

＊

710毫米×1000毫米　16开　14印张　150千字
2024年6月第1版　2024年6月第1次印刷
定价：68.00元

＊＊＊＊

（如有印装质量问题可更换）

前言

在庞大的商业市场上,无数企业犹如航行在汪洋大海中的船只,都在繁忙而又谨慎地各自追寻着属于自己的成功航线。而商业模式,便是这些航线上的灯塔,在照亮了企业前行的方向的同时,也勾勒出了企业独特的成长轨迹。

商业模式,简而言之,就是企业创造价值并获取收益的逻辑框架。它涉及企业的产品、服务、市场、客户、合作伙伴、资源等多个方面,是企业战略的核心体现。一个成功的商业模式往往能够成为企业立足市场的基石,助力其在激烈的市场竞争中脱颖而出,实现持续、稳健的成长。

本书是一本致力于揭示商业模式奥秘的力作。它囊括了10多类主流商业模式,从传统的产销模式、连锁经营模式,到新兴的共享经济模式、平台经济模式等,并对每种模式进行了细致的分类和深入的剖析,尤其对它们的实操技巧、基本原理与现实应用进行了详细介绍,力求为读者呈现一个全面、深入的商业模式图谱。

为了更直观地展现商业模式的实际应用与影响力,本书精选了众多国内外知名企业的成功案例。从苹果的颠覆式创新到亚马逊的电商帝国,从小米的粉丝经济到华为的研发实力,这些企业的成功故事无不诠释着商业模式的巨大价值与无穷潜力。通过这些案例，您不仅将感受到商业模式的生动与鲜活，更将从中汲取到宝贵的经验与启示。

在编写本书的过程中，我们始终秉持通俗易懂、深入浅出的原则，力求让每一位读者都能在轻松愉快的阅读氛围中领略到商业模式的魅力与精髓。无论您是初出茅庐的创业者、经验丰富的企业家，还是对市场充满热情的投资者与商业爱好者，本书都将成为您案头商业经营成功的参考指南。

最后，我们衷心希望，本书能助您在商业海洋中乘风破浪，成功找到属于自己的航线。愿您在阅读的旅程中收获满满的知识与灵感，为未来的商业征途奠定坚实的基础。

现在，就让我们一起开启这段精彩的商业模式探索之旅吧！

目录

第一章 商业模式与人力资源管理

数字时代的人力资源管理挑战 / 2

商业模式与业务流程设计 / 4

商业模式与人员配置 / 7

商业模式与考核机制 / 9

国内外经典人力资源管理模式 / 13

第二章 直分销模式:"转"得快才能"赚"得多

直销模式:安利为用户提供卓越的购物体验 / 18

快销模式:某企业让滞销库存成为爆品 / 21

密集分销:海天味业构建多层级销售网络 / 23

独家经销:苹果公司与中国电信的合作 / 26

新零售分销:小米之家重构"人、货、场"三大要素 / 28

区域集中:沃尔玛的市场饱和战略 / 31

社群团购:美团优选的"预购+自提"模式 / 34

第三章　订阅模式："服务＋承诺"驱动用户付费行为

媒体订阅：《财经》杂志靠什么吸引高净值读者 / 38

内容付费：知乎向付费会员提供专属权益 / 40

付费订阅：好未来通过个性化服务实现盈利 / 42

体验升级：网易云音乐为付费用户解锁新服务 / 45

游戏订阅：某游戏公司如何提升玩家留存率 / 47

个性定制：可口可乐推出昵称瓶 / 50

第四章　品牌营销模式：做好内部赋能是关键

品牌运营：如家打造"经济型"酒店品牌 / 54

特许经营：必胜客的中国本土化运营 / 56

品牌IP化：为什么提及"乔布斯"会让人想到iPhone / 58

自营品牌：京东超市打造自有品牌 / 61

OME模式：格兰仕立志做全球家电制造中心 / 65

品牌授权：南极人要做贴牌狂魔 / 67

第五章　平台模式：授权有道，分权有序

广告投放：今日头条究竟在卖什么 / 72

一站式购物：京东商城全渠道零售模式 / 74

佣金抽成：抖音平台的抽成机制 / 77

在线援助：某法律平台的一站式服务 / 80

知识服务：喜马拉雅的赚钱新"声" / 84

内容社交：小红书通过用户生成的内容赚钱 / 87

多边平台商业模式：Facebook满足不同用户群体需求 / 90

第六章 "电商＋直播"模式：转变员工角色，实现人才"客户化"

引流模式：小包子店的新商业思维 / 94

宠粉模式：小米用参与感征服用户 / 96

社交电商：拼多多以社交分享的方式实现会员裂变 / 99

直播电商："三只羊"商业版图的扩张 / 102

跨境电商：SHEIN靠什么扩张海外市场 / 105

知识带货：东方甄选的"流量密码" / 109

第七章 免费模式：打造强大的后端服务

免费体验：某平台游戏免费，道具收费 / 116

免运费服务：亚马逊的免费配送服务 / 118

第三方补贴：百度以广告收入优化搜索体验 / 121

免费增值模式：LinkedIn通过增值服务实现盈利 / 124

送赠品：某平台卖咖啡送咖啡机 / 126

零元购：某时尚服饰平台的"零首付" / 129

第八章 增值服务模式：把虚的东西做实

按需付费：某网站的"点播服务" / 134

计量收费：施乐的新型租赁方案 / 137

专利授权：高通坐享巨额利润分成 / 140

贴身服务：DUFL让出差旅行者"空手出行" / 143

精准推荐：谷歌的个性化广告服务 / 145

打造生态圈：苹果卖的不只是手机 / 150

第九章 会员制模式：用私域流量带动用户裂变

用户裂变：一位摄影师的逆袭之旅 / 154

会员激励：一种让客户每天不得不来的模式 / 157

积分制会员：星巴克的"星享俱乐部" / 159

充值型会员：赔钱买卖背后的商业逻辑 / 162

付费制会员：麦德隆凭什么逆市开付费商超 / 164

会员补贴：9.9元洗车，年收入上千万元的模式 / 167

第十章 产品盈利模式：以利润为导向，以人才为中心

高价策略：茅台卖的不仅仅是酒 / 172

薄利多销：某知名连锁超市如何靠低价取胜 / 174

爆款模式：某公司如何把滞销品变成爆品 / 176

外包降本：×公司何以实现轻装上阵 / 179

渠道为王：可口可乐的渠道战略 / 182

产品迭代：华为不断提升服务与用户黏性 / 184

第十一章　共享模式：重塑企业人力资源职能

只租不售：某净水机厂的共享商业策略 / 188

资源共享：蜂鸟空间为年轻人提供办公空间 / 190

众包模式：微差事让用户利用碎片时间赚钱 / 192

共享股东：某公司无店铺、低风险经营模式 / 195

数据共享：大数据驱动下的滴滴出行 / 198

第十二章　联盟模式：合理分配经营权与所有权

股权众筹：某电影还没开拍就收回投资 / 202

连锁模式：蜜雪冰城疯狂开店的背后 / 204

A+B模式：肯德基与麦当劳的隐形"合作" / 206

合伙模式：永辉超市的门店合伙人机制 / 208

跨界经营："魔法王国"迪士尼的融合之旅 / 211

第一章
商业模式与人力资源管理

商业模式与人力资源管理，两者看似独立，实则紧密相连，共同构筑了企业的核心竞争力。一个成功的商业模式，离不开高效的人力资源管理为其输送源源不断的动力；而优秀的人力资源管理策略，也需依托商业模式的土壤才能生根发芽。

数字时代的人力资源管理挑战

今天,我们身处的这个时代,可以被称为信息的海洋、数字的世界。数字技术的广泛应用正在重塑我们的工作与生活模式,为企业带来无限的可能性,同时也为人力资源管理带来了一系列的挑战。

在过去,人力资源管理可能更多地依赖于人的经验和直觉,如今,这种模式正在受到挑战。企业需要处理的数据量呈几何级数增长,需要对员工信息、绩效数据、培训记录等进行系统的整理和分析,单纯依赖人力已经难以应对,因此,数字化工具的运用成为人力资源管理的必修课。

然而,数字工具的应用并不是简单的"拿来就用"。如何选择合适的工具、如何与现有流程结合、如何确保数据的安全性和准确性,都是摆在人力资源管理者面前的现实问题。这就要求他们不仅要懂业务,还要懂技术,更要有前瞻性的战略眼光。

具体来说,数字时代的人力资源管理面临着如下四大挑战。

1. 驾驭不确定性成为组织管理核心之一

在数字时代,数据被誉为新的石油。人力资源管理不再仅仅依赖直觉和经验,而是需要更多地依靠数据来做出决策。从招聘到绩效评估,从培训到员工离职,每一个环节都涉及大量的数据。如何收集、整理、分析这些数据,并将其转化为对业务有价值的洞察,是人力资源管理者面临的一大挑战。

2. 需要持续提升员工的体验与参与度

数字时代为企业和员工之间的关系带来了新的变化。员工不再只是被动地接受指令，他们也可以通过各种数字平台来表达自己的观点和需求。同时，他们期望企业能够提供灵活的工作方式、个性化的培训计划和透明的晋升通道。如何满足这些期望，提高员工的满意度和参与度，是人力资源管理面临的又一挑战。

3. 重新思考人机共生这种组织新形态

在人机共生的组织形态中，机器不再仅仅是辅助工具，而是成为与人类员工并肩作战的"伙伴"。这就要求人力资源管理者重新思考人与机器的关系，明确各自的角色和定位。如何确保人类员工与机器之间的顺畅沟通？如何充分发挥各自的优势，实现价值的最大化？这些都是人力资源管理者需要深入思考的问题。

4. 传统的组织架构和管理模式受到冲击

随着远程工作、弹性工作等新型工作模式的兴起，传统的组织架构和管理模式日益受到冲击。如何确保员工的工作效率、如何维持团队的凝聚力、如何打造企业文化，都成为数字时代人力资源管理面临的新课题。

总之，数字化人力资源管理是一种趋势和必然的发展方向。通过数字化工具和技术，企业能够更高效、准确地管理和利用人力资源，提升组织的竞争力。然而，数字化人力资源管理也面临技术、变革和安全等方面的挑战，需要企业做好准备和规划。未来，随着人工智能、数据驱动和移动云端等趋势的发展，数字化人力资源管理将进一步提升其效能和影响力。

商业模式与业务流程设计

在今日竞争激烈的商业环境中,成功的企业必须不断优化自身的商业模式和业务流程,以确保能够迅速适应市场变化,满足客户需求,实现持续盈利。商业模式与业务流程设计并非孤立的存在,而是相互联系、相互影响的两个关键要素。

商业模式,是指企业为实现其价值主张,通过整合内部资源和联合外部合作伙伴,形成的一套具有盈利潜力的运营机制。它包括四个核心要素:价值主张、盈利模式、关键业务和流程,以及关键资源和能力。

1. 价值主张与业务流程设计

价值主张是企业向客户提供的独特价值,是企业存在和发展的基石。为了有效地传递价值主张,企业必须设计出一套符合客户期望的业务流程。例如,一家以快速响应和定制化服务为价值主张的企业,其业务流程应侧重于提高客户服务效率,减少响应时间,并提供灵活的定制化解决方案。这样的业务流程设计有助于确保企业能够快速、准确地满足客户需求,从而实现价值主张的有效传递。

2. 盈利模式与业务流程设计

盈利模式决定了企业如何通过提供产品或服务获取收入,以及如何实现成本控制和利润最大化。业务流程设计在这一过程中起着至关重要的作用。企业需要设计出一套既能确保产品或服务质量，又能有效控制成本的业务流程。例如，通过引入自动化和智能化技术，提高生产效率和资源利用率；通过优化供应链管理，降低库存成本和物流成本；通过加强内部协同和信息共享，提高决策效率和降低沟通成本。这些措施都有助于企业在保证盈利能力的同时，提升业务流程的效率和灵活性。

3. 关键业务和流程与业务流程设计

关键业务和流程是指企业为实现价值主张和盈利模式所必需开展的核心业务活动及其流程关系。业务流程设计的任务就是对这些核心业务活动进行优化和再造，以确保企业能够高效地执行关键业务和流程。这包括简化流程、消除浪费、提高自动化程度等优化措施，以及重新设计组织结构、调整职责分工、引入新技术等再造措施。通过业务流程设计，企业可以建立起一套高效、灵活的业务运营体系，从而更好地支持关键业务和流程的执行。

4. 关键资源和能力与业务流程设计

关键资源和能力是企业实现商业模式所需的重要支撑。在业务流程设计过程中，企业必须充分考虑如何利用和整合这些关键资源和能力。比如说，一家拥有先进技术的企业，其业务流程设计应充分发挥技术优势，提高产品研发效率和创新能力；对于一家拥有强大销售渠道的企业来说，其业务流程设计应重点关注市场需求变化和客户反馈，以确保销售渠道的畅通和高效。这样的业务流程设计有助于企业充分利用和发挥自身资源和能力优势，从而更好地实现商业模式。

商业模式为业务流程提供了总体框架和指导，而业务流程则是实现商业模式的具体操作路径。一个有效的商业模式需要经优化的业务流程来支持，而高效的业务流程也需要与商业模式保持一致以确保目标的实现。因此，在设计商业模式和业务流程时，企业需要确保两者之间的紧密配合和协调一致。

商业模式的创新和发展往往带来新的市场机遇和客户需求。为了抓住这些机遇并满足客户需求，企业必须对现有的业务流程进行调整和优化。例如，随着电子商务的兴起和发展，传统零售企业纷纷转型线上销售模式。这一商业模式的转变要求企业必须对原有的销售渠道、订单处理、物流配送等业务流程进行改进和优化，以适应线上销售的特点和需求。

与此同时，优化和创新的业务流程设计，不仅可以提高企业的运营效率和市场响应速度，还可以为商业模式的实现创造更多可能性。例如，通过引入先进的生产技术和管理方法，企业可以实现生产过程的自动化和智能化，从而降低成本，提高效率和质量。这样的业务流程设计有助于企业打造具有竞争力的产品和服务，进而实现商业模式的成功转型和升级。

商业模式与业务流程是企业稳健发展的两大核心支柱。在日益激烈的市场竞争中，企业应不断审视和调整商业模式，持续优化业务流程，以应对市场变化，保持竞争优势，实现可持续发展。

商业模式与人员配置

一个成功的商业模式不仅需要创新的理念和策略,也需要合适的人员来执行和实现这些策略。同样地,优秀的人员配置也需要与商业模式相匹配,才能发挥出最大的效能。

人员配置是将企业的战略转化为实际行动的关键环节。它涉及招聘、培训、绩效管理和激励等多个方面,旨在确保企业拥有具备必要技能和素质的员工,以有效地执行商业模式并推动企业的发展。

与商业模式的不断创新相对应,人员配置也面临着新的挑战。比如,技能需求变化:数字化、自动化等技术的发展导致对员工的技能要求发生变化,企业需要更多具备数字化技能、创新思维和跨界融合能力的人才;组织结构变革:传统的科层制组织结构已难以适应快速变化的市场环境,企业需要建立更灵活、扁平化的组织结构,以快速响应市场变化;等等。

那如何实现商业模式与人员配置的战略协同呢?关键要把握以下几点:

1. 以商业模式为导向,精准调配人才

企业若想稳步行进在数字化的途程中,就不能让陈旧的观念束缚手脚。数字化驱动的商业模式,不仅是一个技术层面的革新,更是一场关于思维、方法和人才的全方位变革。企业需要有远见卓识,及时捕捉那些擅长舞动数字魔杖的人才。他们熟悉大数据的语言，擅长与算法对话。同时，他们也能够听到客户的微小声音，能洞察客户的深层需求。

2. 以人员配置为支撑的商业模式创新

优秀的团队不仅能够完美地执行既定的商业模式，他们还能够像魔术师一样，从手中变出新的商业模式。这些团队成员不满足于现状，总是不断在探索、在尝试。他们的思维如同跳跃的火花，能够瞬间点燃创新的火焰。而当一个团队具备了强大的执行力时，商业模式便如同得到了神助，无论面对何种困难，都能够一往无前。

3. 构建灵活适应的组织生态

在这个变化是唯一不变的时代，企业需要拥有像变色龙一样的适应能力。跨部门、跨职能的团队如同企业的特种部队，他们能够快速集结、迅速反应，无论市场风云如何变幻，他们总能够找到突破口。而扁平化的组织结构则像一张高效的网，让信息快速流通，让决策迅速传达。在这样的生态中，员工不再是被动的执行者，而是成为企业的合伙人，他们的每一个建议都可能引发一场商业革命。

4. 持续学习与培训

学习，不仅是企业的必需品，更是企业的保健品。企业需要定期培训员工新的知识和技能，让他们始终保持领先行业的竞争力。这不仅仅是为了应对当前的市场挑战，更是为了未来的长远发展。通过鼓励员工参与各种行业活动、建立内部知识分享平台，企业可以营造一个充满活力与创新的学习环境，让每一个员工都能够在这里找到属于自己的成长路径。

在经营过程中，企业必须关注商业模式与人员配置的战略协同问题。这是因为商业模式与人员配置不仅是企业成功的两大基石，更是推动企业持续发展的重要动力。

商业模式与考核机制

在快速变化的商业环境中，企业的商业模式与考核机制之间的协同作用日益凸显。商业模式是企业创造和获取价值的核心逻辑，而考核机制则是确保企业战略目标得以实现的关键手段。

如今，商业模式呈现出多样化、灵活性和创新性的特点。企业不再局限于传统的产品或服务销售，而是通过平台化、订阅经济、共享经济等新模式来创造和获取价值。这些新模式要求企业具备快速响应市场变化、持续创新以及有效整合资源的能力。

然而，许多企业的考核机制仍停留在传统的财务指标和短期业绩上，无法有效支持商业模式的创新。传统考核机制往往注重结果而非过程，忽视了对员工创新、协作和客户导向等软性能力的评估。

为了克服传统考核机制的局限性，企业须构建与时俱进的考核机制，以支持商业模式的创新与发展。为此，可以应用如下一些策略。

1. 引入平衡计分卡

平衡计分卡不仅仅是一个简单的考核工具，更是一个战略执行和绩效管理的框架。通过将企业的战略目标分解为财务、客户、内部业务流程、学习和成长四个维度，平衡计分卡确保了企业在追求短期财务目标的同时，不忽视长期的发展动力和客户关系建设。这种多维度的评估方式有助于企业更全面地了解自己的业绩状况，从而做出更为明智的决策。

（1）财务指标：关注企业的盈利能力、成本控制等，确保企业的经济健康。

（2）客户维度：关注客户满意度、市场份额等，确保企业在市场中具有竞争力。

（3）内部业务流程：关注企业的内部流程效率、创新能力等，确保企业能够持续改进和优化自身运营。

（4）学习和成长：关注员工的培训、发展等，确保企业具有持续的创新和发展动力。

通过这四个维度的平衡，企业可以确保员工的行为与企业的战略目标保持一致，从而实现更为稳健和可持续的发展。

2. 强调过程与结果并重

在新的考核机制下，企业不仅需要关注员工的工作结果，更需要关注员工在工作过程中所展现出的创新、协作和客户导向等能力。通过设立明确的过程指标，企业可以鼓励员工积极参与商业模式创新，提高团队的协作效率，从而为企业创造更大的价值。

（1）创新：鼓励员工提出新的想法和解决方案，为企业的创新和发展提供源源不断的动力。

（2）协作：强调团队之间的合作和沟通，确保企业能够形成更为紧密和高效的团队协作。

（3）客户导向：始终将客户的需求和满意度放在首位，确保企业的产品和服务能够真正满足市场需求。

这种过程与结果并重的考核方式有助于企业更为全面地评估员工的绩效，从而做出更为公正和合理的激励与奖惩决策。

3. 采用动态目标管理

在快速变化的市场环境中，企业需要具备灵活调整自身战略和目标的能力。通过采用动态目标管理，企业可以根据市场趋势和商业模式调整情况，实时更新考核目标，确保考核机制与商业模式保持同步。这种管理方式有助于企业更为敏捷地应对市场变化，抓住市场机遇，从而实现更为快速和稳健的发展。

（1）实时更新：根据市场变化和商业模式调整情况，实时更新考核目标，确保考核机制的时效性和针对性。

（2）灵活性：允许企业在必要时对考核目标进行调整和优化，以适应不同的市场环境和业务需求。

（3）持续改进：鼓励企业在动态目标管理的过程中不断学习和改进，提高自身的管理水平和市场竞争力。

4. 设定具体、可衡量的考核指标

根据商业模式的特点，设定具体、可衡量的考核指标，如客户满意度、用户增长率、收入增长率等。这些指标应既关注短期业绩，也考虑长期发展，形成平衡的考核体系。比如，引入关键绩效指标（KPIs）和关键结果领域（KRAs）：设定关键绩效指标来衡量员工在关键业务过程中的表现；通过关键结果领域来明确员工需要达成的具体成果，确保工作与商业

模式目标保持一致。

5. 采用360度反馈机制

为了更全面地评估员工，企业可以引入360度反馈评估机制，即从同事、上级、下级、客户等多角度收集反馈，以更全面、更立体地了解员工的绩效表现。

（1）同事反馈：同事是与员工日常工作接触最密切的人之一。他们可以从合作、沟通、团队协作等方面提供宝贵的反馈，帮助每位员工了解自己在团队中的角色和表现。

（2）上级反馈：上级的评价往往关注员工的工作成果、目标达成情况以及对团队和公司的贡献。他们的反馈可以为员工提供关于工作方向、职业发展等方面的指导。

（3）下级反馈：对于管理层员工来说，下级的反馈同样重要。下级员工可以从领导风格、决策能力、支持和指导等方面提供反馈，帮助上级了解自己在管理和领导方面的优势与不足。

（4）客户反馈：对于面向客户的员工来说，客户的满意度和反馈是衡量他们工作绩效的重要指标。通过收集客户的反馈，企业可以了解员工在客户服务、产品知识、沟通能力等方面的表现。

这种多角度的反馈机制不仅有助于员工更全面地了解自己的表现，还可以为他们提供改进的方向和建议。员工可以根据反馈结果制订有针对性的改进计划，提升自己的工作能力和职业素养。同时，这种评估方式也有助于企业发现人才、激励员工，推动组织的持续发展和进步。

构建与时俱进的考核机制对于支持商业模式的创新与发展至关重要。

通过引入平衡计分卡、强调过程与结果并重、采用动态目标管理、设定具体、可衡量的考核指标、采用360度反馈机制等，企业可以克服传统考核机制的局限性，推动新商业模式的成功运用。

国内外经典人力资源管理模式

在全球化与信息化的双重浪潮下，人力资源管理模式已成为企业获取竞争优势的关键所在。国内外众多知名企业，经过长期的实践与探索，逐渐形成了各具特色、卓有成效的人力资源管理模式。

下面，我们选取一些具有代表意义的案例加以介绍。

1. 谷歌：充分激发员工的创造力

谷歌以其独特的人力资源管理理念和实践而闻名，其典型意义在于注重员工的创造力和激情，提倡自由、开放的工作环境。谷歌实行"20%时间"制度，允许员工利用工作时间的20%用于自己的创新项目。这种灵活的工作制度激发了员工的潜力，促进了公司的创新和发展。谷歌的人力资源管理模式强调了员工的自主性和创新性，对于知识密集型和创新型企业具有很高的借鉴意义。

2. 星巴克：重视员工发展与培训

星巴克的人力资源管理模式的典型意义在于重视员工的培训和发展，通过为员工提供丰富的培训课程和良好的晋升机会，激励员工不断提升自己，实现个人价值。星巴克还致力于创建积极、健康的工作环境，鼓励员工之间的合作和共享，使员工感到被尊重和关爱。这种以人为本的管理模式不仅提高了员工的工作积极性和忠诚度，也为公司赢得了良好的声誉和业绩。星巴克的人力资源管理模式强调员工的成长和团队合作，对于服务型和连锁经营企业具有很大的参考价值。

3. 微软：设定"职业发展阶梯"

微软的人力资源管理模式强调员工的职业发展和成长。微软为员工提供了清晰的职业发展路径和阶梯，鼓励员工不断提升自己的技能和知识水平。微软还推行内部导师制度，让员工在实践中获得成长和指导。此外，微软的人力资源管理还注重员工的绩效考核和激励机制，通过公正的评估和奖励来激发员工的积极性和创造力。这种以职业发展为核心的人力资源管理模式为微软吸引了大量优秀人才，推动了公司的技术创新和发展。

4. 海尔：提出"人单合一"理念

海尔的人力资源管理模式具有颠覆性，其典型意义在于提出了"人单合一"的管理理论。这一理论强调员工与用户融为一体，员工在为用户创造价值的同时实现自身价值。海尔通过打造"创客"平台，鼓励员工内部创业，实现企业与员工的共赢。海尔的人力资源管理模式打破了传统的科层制和职能分工，强调了员工的主动性和创造性，对于互联网时代的企业转型和升级具有很强的指导意义。

5. 阿里巴巴：以"六脉神剑"为核心

阿里巴巴的人力资源管理模式以其"六脉神剑"为核心，即客户第一、团队合作、拥抱变化、诚信、激情、敬业。阿里巴巴注重企业文化和价值观的传承，通过培训和考核机制将企业文化深深植入员工心中。此外，阿里巴巴还推行"让天下没有难做的生意"的使命，关注员工的成长和发展，提倡内部晋升和轮岗制度，为员工提供广阔的职业发展空间。这种注重文化和使命的人力资源管理模式为阿里巴巴的快速崛起和持续发展奠定了基础。

6. 万科：推行"事业合伙人"制度

万科的人力资源管理模式以"事业合伙人"制度为特色。万科通过与员工建立长期的合作伙伴关系，将员工的利益与公司的利益紧密捆绑在一起。在这种模式下，员工不仅享有公司的发展成果，还承担公司经营的风险。万科还注重员工的培训和发展，提供多元化的职业通道和晋升机会。此外，万科的人力资源管理还关注员工的福利待遇和工作环境，致力于为员工提供优质的工作体验和成长环境。这种以合作伙伴关系为基础的人力资源管理模式为万科的长远发展和员工稳定提供了有力保障。

不同的人力资源管理模式都有其独特的典型意义和应用背景。企业可以根据自身的行业特点、发展阶段和战略目标选择合适的人力资源管理模式加以借鉴和应用。

第二章
直分销模式:"转"得快才能"赚"得多

企业的成败往往取决于其产品流转的速度与效率。直分销模式,作为企业快速拓展市场、提升销售业绩的重要战略之一,其核心便在于"快速流转,高效盈利"。因此,掌握"转"得快的直分销秘籍,才能实现销售额与利润的最大化。

直销模式：安利为用户提供卓越的购物体验

直销商业模式是一种直接面向消费者的销售方式，它通过减少中间环节，降低流通成本，使得生产商能够更直接、高效地与消费者建立联系。直销商业模式的核心在于建立一个扁平化的销售网络，使得产品从生产到销售的过程更为简捷、快速，从而满足了消费者追求高效、便利的购物体验。

直销企业通常通过线下门店、线上平台或者直销员与消费者直接接触。直销员作为企业与消费者之间的桥梁，不仅能够传递产品信息，还能提供售后服务，建立起与消费者之间的信任和长期关系。这种销售方式有助于直销企业快速了解市场动态和消费者需求，进而调整产品策略和市场策略。

随着互联网的普及和电商的发展，直销商业模式也在不断创新和完善。例如，通过线上平台与线下门店的结合，实现O2O模式的直销；利用社交媒体、短视频等新媒体渠道，拓展直销市场等。这些创新使得直销商业模式更加灵活多样，能够更好地适应不同市场环境和消费者需求。

安利，全称为Amway，是一家总部位于美国密歇根州的亚达城的跨国直销公司。它主要通过直销的方式销售家居护理产品、个人护理产品、营养保健食品、美容化妆品以及家居耐用品等，业务遍布全球80多个国家和地区。

安利的直销模式是一种高效的、以人为本的销售方式,它充分利用了人与人之间的社交网络,让产品直接从生产商传递到消费者手中,省去了传统销售模式中的多个中间环节。

1. 直销员的角色与职责

在安利的直销模式中,直销员扮演着至关重要的角色。他们是公司与消费者之间的桥梁,负责将高质量的产品直接推荐给消费者。直销员需要充分了解产品的特性、功效和使用方法,以便能够向消费者提供准确、全面的信息。此外,他们还需要具备良好的沟通能力和服务意识,能够与消费者建立长期的信任关系。

2. 直销的销售流程

(1)了解顾客需求:直销员首先通过与顾客的沟通,了解他们的需求和期望。这样有助于为顾客推荐最适合他们的产品。

(2)产品示范:直销员会向顾客展示产品的使用方法和效果,以便顾客能够更直观地了解产品的优点。

(3)解答疑问:如果顾客对产品有任何疑问或顾虑,直销员会耐心解答,并提供必要的支持和帮助。

(4)促成交易:在顾客对产品表示满意并决定购买时,直销员会协助顾客完成购买流程,并确保他们能够顺利获得产品。

(5)售后服务:直销员会在售后继续与顾客保持联系,了解他们的使用情况和反馈,以便及时提供必要的帮助和支持。

3. 充分发挥直销的优势

(1)人际传播:安利直销充分利用了人际传播的力量。直销员通过自己的社交网络,将产品推荐给亲朋好友,这种口碑营销的方式具有很高的可信度和影响力。

(2)灵活性:直销模式具有很大的灵活性。直销员可以根据自己的时间和能力来安排工作,不受传统工作时间的限制。这种灵活性有助于吸引更多有志于自主创业的人才加入安利的事业。

(3)低成本:由于省去了多个中间环节,安利直销降低了产品的流通成本。这使得安利能够以更实惠的价格向消费者提供高质量的产品,同时保证了直销员的收益。

(4)个性化服务:直销员可以根据顾客的需求和喜好,提供个性化的产品推荐和服务。这种一对一的服务方式有助于提高顾客的满意度和忠诚度。

4.直销员的发展与奖励

安利为直销员提供了完善的奖励制度和发展机会。直销员可以通过不断提升自己的销售业绩和团队发展能力,获得更高的佣金和奖金。同时,安利还为直销员提供了丰富的培训资源和学习机会,帮助他们不断提升自己的专业素养和销售技能。这种正向的激励机制有助于激发直销员的积极性和创造力,推动安利事业的持续发展。

另外,安利通过自有的电商平台,如"安利云购",为消费者提供了丰富的产品选择和购物便利。消费者可以随时随地在线浏览产品信息,了解产品详情,完成下单支付等操作。通过与京东等物流巨头的合作,安利实现了快速、准确的送货服务。无论是城市还是偏远地区,消费者都能享受到及时、便捷的物流服务,进一步提升了购物体验。

综上所述，安利通过充分利用直销模式的优势，实现了产品的快速传播、个性化服务、降低成本、提高效率、激发直销员积极性和创造力以及灵活适应市场变化等目标，从而在市场竞争中脱颖而出。

快销模式：某企业让滞销库存成为爆品

在快速消费品领域，无论是品牌方还是渠道商，都怀揣着一个美好的愿景：生产或采购的商品能够迅速售罄，仓库严格按照先进先出的原则运作，既不会缺货，也不会有过多的库存积压。即便偶尔出现少量老龄货，也能迅速处理，确保整体供应链的高效运转。

然而，理想很丰满，现实很骨感。在仓库管理者看来，大多数情况下那都不叫理想，而叫梦想，要靠"万一"才能实现。在剩余大部分时间里，仓库内总有一堆积压库存，因迟迟卖不出去而长久占用宝贵的库位资源。还有些货老到过了保质期而只能报废销毁，生产出来（或采购回来）堆放在仓库里。这种行为不是烧钱是什么？

要解决这种供需错配的问题，似乎最简单的解决方案是提高预测和计划的准确性，甚至实现按订单生产。然而，在实际操作中，这对于快速消费品行业来说几乎是不可能完成的任务。消费者的购买决策往往受到诸多因素的影响，如季节、天气、促销活动和竞争对手的反应等，这些因素都难以准确预测。因此，预测的不准确性在这个行业中是普遍存在的。

尽管如此，我们仍然可以通过优化供应链管理、提高市场洞察力和加强库存管理等方式来降低库存积压和老龄货的风险。同时，借助先进的技术和工具，如大数据分析、人工智能预测等，也可以帮助我们更好地把握市场动态和消费者需求，从而实现更精准的供需匹配。

某企业是一家专注于家居用品生产与销售的公司。随着市场竞争的加剧和消费者需求的多样化，该公司发现部分产品逐渐失去了市场竞争力，库存积压严重。传统的促销手段如打折、赠品等虽然能暂时缓解库存压力，但却无法根本解决问题，甚至可能损害品牌形象和长期利润。

为了有效处理滞销库存，该企业决定尝试一种全新的快销模式。该模式的核心在于通过精准的市场定位、创新的产品包装和创建高效的营销渠道，将原本滞销的产品以全新的面貌呈现给消费者，激发其购买欲望。

1. 精准市场定位

企业对滞销产品进行了详细的市场分析，包括产品特点、目标消费群体、竞争对手情况等。通过数据分析，他们发现滞销产品主要集中在中低端市场，而这部分市场的消费者更加注重性价比和实用性。因此，企业决定将滞销产品重新定位为"高性价比家居用品"，以满足这部分消费者的需求。

2. 创新产品包装

针对滞销产品的特点，该企业进行了创新性的产品包装。他们通过更换包装材料、优化包装设计等方式，使产品外观更加时尚、吸引人。同时，他们还在包装上添加了详细的产品说明和使用场景展示，帮助消费者更好地了解产品功能和价值。

3. 创建高效营销渠道

为了让更多消费者了解并购买滞销产品，该企业积极拓展营销渠道。

他们不仅在自有线上商城和线下门店进行大力推广，还与电商平台、社交媒体等合作，进行联合营销和广告投放。此外，他们还通过举办促销活动、邀请网红直播带货等方式，吸引更多潜在消费者关注和购买。

经过一系列的快销模式运作，企业的滞销库存逐渐成为爆品。比如，一款原价为1280元的滞销床垫，在经过精准市场定位和创新产品包装后，以"高性价比家居用品"的形象重新出现在消费者视野中。该企业通过线上线下多渠道营销，成功吸引了大量关注。在促销活动期间，他们更是将床垫的价格降至888元，并附赠精美的床上用品套装。这一举措迅速激发了消费者的购买欲望，床垫销量在短时间内实现了爆发式增长。

如今，许多传统零售商借助快销电商的供应链管理和销售模式，实现快速转型和发展。对于普通企业来说，要成功运用快销模式，必须注重用户体验和服务的提升，以快速建立起良好的口碑和用户忠诚度。

密集分销：海天味业构建多层级销售网络

密集分销，也被称为多家分销，是渠道宽度的一个重要类型。在这种商业模式中，制造商会尽可能多地通过许多负责任的、适当的批发商和零售商来推销其产品。只要符合企业最低要求的中间商均可以参与分销。也就是说，密集分销是尽可能多地使用商店销售产品或服务。它分为零售密集分销和批发密集分销两种形式。

这种商业模式的主要优点是市场覆盖面大，可以迅速拓展市场，提高顾客接触率，从而快速提升销售业绩。此外，它还能充分利用中间商，使分销的支持度更强。例如，国内调味品市场的龙头企业海天味业就采用了密集型分销模式，通过与大量批发商和零售商的高效合作，确保消费者可以随时随地在其货架上找到其产品。

海天味业的密集分销策略主要体现在以下几个方面。

1. 渠道策略的制定与实施

海天味业根据自身的产品特点和市场定位，制定了以密集分销为核心的市场拓展策略。公司不仅与大型超市、商场等建立了稳定的合作关系，还积极开拓小型便利店、杂货店等终端销售点，形成了覆盖城乡的多层级销售网络。同时，海天味业还注重线上渠道的拓展，通过电商平台、社交媒体等渠道，实现线上线下联动，进一步扩大了市场份额。

2. 分销商的选择与培养

在选择分销商方面，海天味业注重考察其经营能力、市场信誉和合作意愿。通过严格的筛选机制，公司选拔了一批有实力、有经验的分销商作为合作伙伴。同时，海天味业还投入大量资源对分销商进行培训和指导，提升其销售技能和业务水平，确保产品能够顺利进入市场并实现良好的销售业绩。

3. 分销价格体系的设定与维护

为了确保各级分销商有足够的利润空间并维护市场价格的稳定，海天味业制定了合理的分销价格体系。公司根据产品成本、市场需求和竞争状况等因素，确定了各级分销商的进货价格和销售价格。同时，海天味业还建立了严格的价格监督机制，对违规定价行为进行打击和惩罚，确保市场秩序的公平与合理。

4. 渠道关系的管理与协调

海天味业注重与各级分销商建立良好的合作关系，通过定期沟通、信息共享等方式加强彼此之间的了解与信任。公司还建立了完善的渠道管理机制，对分销商进行定期考核和激励，激发其销售积极性。此外，海天味业还积极协调各级分销商之间的利益关系，避免恶性竞争和价格战等不利于市场发展的行为发生。

5. 渠道绩效的监控与评估

海天味业通过数据分析和市场调研等方式对渠道绩效进行定期评估。公司关注销售数据、市场份额、客户满意度等指标的变化情况，及时发现并解决渠道运营中存在的问题。同时，海天味业还根据市场反馈和竞争态势调整渠道策略，优化分销网络布局，以适应不断变化的市场环境。

在密集分销的模式下，企业通过与各级分销商建立紧密的合作关系，共同打造一个无缝对接的市场体系，确保产品能够快速、准确地触达目标消费者。这种策略的实施，需要企业具备强大的市场洞察力和渠道管理能力，以应对复杂多变的市场环境和消费者需求。通过密集分销，企业不仅能够实现销售量的快速增长，更能够巩固市场地位，提升品牌影响力。

独家经销：苹果公司与中国电信的合作

独家经销商业模式是指在一个特定地区或市场内，品牌方授权一个特定的经销商独家销售其产品，该经销商享有独家销售权，排除了其他经销商在该地区或市场的销售竞争。这种商业模式的核心在于建立品牌方与独家经销商之间的紧密合作关系，通过独家销售权来确保产品的市场表现和品牌形象得到有效保护。

在独家经销商业模式下，品牌方通常会对经销商进行严格的筛选和考核，确保其具备足够的市场实力、渠道资源和经营管理能力。同时，品牌方还会提供必要的市场支持和产品支持，帮助经销商拓展市场、提升销售业绩。

苹果公司，作为全球知名的科技巨头，其 iPhone 系列产品在全球范围内拥有广泛的用户群体和极高的品牌认知度。中国电信则是中国三大电信运营商之一，拥有庞大的用户基础和广泛的网络覆盖。

在 iPhone 进入中国市场初期，苹果公司选择了与中国电信进行独家合作，使其成为 iPhone 在中国市场的独家经销商。这一独家经销商业模式为双方带来了巨大的商业成功。

通过这一合作模式，中国电信获得了 iPhone 在中国市场的独家销售权，这意味着其他电信运营商在一段时间内无法直接销售 iPhone。这一独家地位使得中国电信能够吸引大量的高端用户，并进一步提升其品牌形象和市场地位。

对于苹果公司而言，与中国电信的独家合作确保了其产品在中国市场得到快速推广和普及。中国电信庞大的用户基础和广泛的网络覆盖为 iPhone 提供了巨大的市场潜力。此外，中国电信还提供了全方位的市场支持和营销推广，帮助 iPhone 在中国市场取得了巨大的成功。

通过独家经销，双方能够充分发挥各自的优势和资源，共同推动产品的市场推广和商业成功。然而，在实施独家经销商业模式时，企业需要充分考虑市场环境、合作伙伴实力以及自身资源等多方面因素，以确保合作的顺利进行和长期稳定发展。

当然，独家经销商业模式也存在一定的风险和挑战。例如，双方需要在合作过程中保持密切的沟通和协调，以确保市场策略和产品策略相一致。此外，随着市场环境的变化和竞争态势的演变，双方还需要不断调整和优化合作模式，以适应新的市场挑战和机遇。

所以，在运用该商业模式时，品牌方需要综合考虑市场环境、经销商实力、自身资源等多方面因素，制定合适的策略和管理措施，确保独家经销商业模式的顺利运行和有效实施。同时，品牌方还需要与独家经销商保持密切的沟通与合作，共同推动产品的市场销售和品牌形象的提升。

新零售分销：小米之家重构"人、货、场"三大要素

新零售是一种全新的商业模式，它以互联网为依托，通过运用大数据、人工智能等先进技术手段，对商品的生产、流通与销售过程进行升级改造，进而重塑业态结构与生态圈，并对线上服务、线下体验以及现代物流进行深度融合。

新零售的核心是以消费者为中心，通过线上线下融合、数据驱动和实时互动，实现商品、服务和消费者之间的无缝连接。其主要特点包括线上线下融合、大数据驱动、实时互动、智能化供应链和重视消费者体验。

随着新零售时代的来临，传统零售模式正在经历深刻的变革。小米之家作为新零售的先行者，通过重构"人、货、场"三大要素，实现了从传统零售到新零售的华丽转身。

小米之家是小米公司旗下的直营零售店，自 2015 年首家店铺开业以来，凭借其独特的商业模式和创新的产品组合，迅速在国内外市场扩张。小米之家的成功，在很大程度上归功于其对新零售模式的深入探索和实践。具体来说，就是小米重构了"人、货、场"三大要素。

1. 重构"人"的要素

在传统零售模式中，"人"的要素主要聚焦于消费者和店员。然而，小米之家赋予了这两个角色全新的定义和功能：

（1）消费者画像的革新：借助先进的大数据分析和人工智能技术，小米之家对消费者的了解达到了前所未有的深度。这不仅包括对消费者的购物习惯、兴趣爱好的洞察，也包括对其潜在消费需求的精准把握。这种深度了解让小米之家能够为每位消费者提供更加贴心、个性化的产品和服务，从而极大地增强了消费者的忠诚度和黏性。

（2）店员角色的重塑：在小米之家，店员的角色发生了翻天覆地的变化，他们不再仅仅是商品的推销员，而是摇身一变成为深谙产品的专家和消费者的贴心朋友。通过系统的专业培训，他们积累了丰富的产品知识，能够为消费者提供更为专业、中肯的购买建议。更重要的是，他们与消费者之间建立了真挚的互动关系，这种关系不仅提升了消费者的购物体验，更为小米之家赢得了口碑和信赖。

2. 重构"货"的要素

"货"作为零售的关键组成部分，在小米之家也得到了全新的解读和重构。

（1）创新性的产品组合策略：小米之家在销售小米手机、电视等热门核心产品的同时，积极引入并展示了众多生态链合作伙伴的优质产品。从智能家居到智能硬件，这一系列丰富的产品选择不仅满足了消费者一站式购物的便捷需求，更有效地提升了每笔交易的客单价和整体销售额。

（2）供应链管理的卓越实践：小米之家通过不断优化和完善其供应链管理策略，成功实现了库存周转的高效运转和精准控制。依托先进的物流配送系统和信息技术支持，小米之家能够实时掌握并更新库存状况，确保商品能够及时上架并随时满足消费者的购买需求。这种高效的库存管理模式不仅显著降低了库存持有成本,更为消费者带来了卓越且及时的购物体验。

3. 重构"场"的要素

"场"在零售中指的是销售的物理空间及整体的购物氛围。小米之家在这方面也进行了创新性的重构。

(1)店铺的重新设计:小米之家以其简约而不失时尚、充满科技感的店铺设计脱颖而出。通过精心策划的空间布局与灯光效果,小米之家成功营造出一个既舒适又温馨的购物氛围,这样的环境不仅吸引了众多消费者的目光,更激发了他们的购买欲望。

(2)线上线下的完美融合:小米之家巧妙地将线上商城的便捷性与线下门店的实体体验相结合,打造了一个线上线下无缝衔接的购物平台。消费者既可以选择在线上轻松浏览并购买产品,也可以随时前往线下门店亲自感受产品的魅力后再作出购买决定。这种灵活多变的购物模式不仅提升了消费者的购物体验,也进一步巩固了小米之家在零售市场的领先地位。

小米之家通过重构三大要素,实现了从传统零售到新零售的转型升级。其成功经验为其他零售企业提供了以下启示。

首先,要重视消费者体验。在新零售时代,消费者体验将成为决定零售企业成败的关键因素。零售企业应该关注消费者的需求和期望,提供优质的产品和服务,营造舒适的购物环境。

其次,要利用数据和技术来提升效率。大数据和人工智能等技术的应用将为零售企业创造巨大的商业价值。零售企业应该积极引入这些技术,提升供应链管理、库存管理等方面的效率,降低成本和风险。

最后,要不断创新和突破。在新零售时代,创新和突破将成为零售企业发展的核心动力。零售企业应该敢于尝试新的商业模式、引入新的产品和技术，不断提升自身竞争力和市场地位。

可以想见，新零售的发展将对传统零售行业产生深远影响，改变人们的购物习惯和消费观念，推动零售业的转型和升级。随着新零售的不断发展，未来零售市场将呈现出更加多元化、个性化和智能化的特点。

区域集中：沃尔玛的市场饱和战略

区域集中商业模式是一种将商业活动集中在特定区域内的策略。该模式通过在一定区域内聚集多个相似的或互补的商业企业，形成商业集群，从而吸引更多的消费者和投资者，促进区域内的经济发展和商业繁荣。

区域集中商业模式的核心是在一定地理范围内实现商业资源的集中和共享，提高商业活动的效率和竞争力。该模式可以带来多方面的优势，如提高品牌知名度、降低运营成本、增强消费者体验、促进商业创新等。

在实际应用中，区域集中商业模式可以表现为多种形式，如购物中心、商业街、专业市场等。这些商业集群通常具有明确的定位和特色，能够吸引不同类型的消费者和投资者。

沃尔玛，作为全球最大的零售商之一，其成功在很大程度上归功于其独特的商业模式和市场战略。其中，"区域集中"战略是沃尔玛在扩张过程中常用的一种策略。这种战略的核心思想是在特定区域内实现市场饱和，通过密集开店，迅速占领市场份额，形成品牌效应和规模优势，进而压制竞争对手。

沃尔玛在进入中国市场初期,选择了在经济发达、消费能力强的城市进行试点,通过在这些城市开设少量分店,测试市场反应和消费者接受度。在试点成功后,沃尔玛开始逐步加大在中国市场的投资,采取区域集中战略,在选定的城市群内密集开店。

例如,在华东地区,沃尔玛先后在上海、南京、杭州等城市开设了多家分店。这些分店不仅地理位置上相近,而且都采用了沃尔玛全球统一的运营模式和管理标准。通过集中采购和供应链管理,沃尔玛降低了成本,提高了商品周转率。同时,通过大规模的广告宣传和促销活动,沃尔玛迅速提升了品牌知名度,吸引了大量消费者。

在人力资源方面,沃尔玛中国区域总部负责统一招聘和培训员工。通过内部晋升机制和员工激励计划,沃尔玛成功打造了一支高效、专业的团队。这支团队在沃尔玛的扩张过程中发挥了重要作用,保证了新店能够快速开业并稳定运营。

从整体来看,其区域集中战略主要体现在以下几个方面。

1. 选址策略

沃尔玛在选定一个区域后,会详细分析该区域的人口结构、消费能力、竞争状况等因素,以确保新店的开设能够满足当地消费者的需求,并且能够在竞争中脱颖而出。

2. 密集开店

一旦确定进入某个区域,沃尔玛会在短时间内连续开设多家分店,形成密集覆盖。这样做的好处是可以迅速提高品牌知名度,降低单店运营成本，并且通过规模效应提升采购议价能力。

3. 标准化运营

沃尔玛的所有分店都采用统一的运营模式和管理标准，确保顾客无论在哪家分店都能获得一致的购物体验。这种标准化运营不仅提升了运营效率，也提升了品牌形象。

4. 供应链管理

沃尔玛拥有高效的供应链管理系统，能够实时跟踪库存和销售数据，确保商品及时补货和调整。这种灵活的供应链管理使得沃尔玛能够快速响应市场变化，满足消费者的多样化需求。

5. 人力资源整合

在区域集中战略下，沃尔玛注重人力资源的整合和优化。通过集中招聘、培训和调配员工，实现人力资源的高效利用。同时，沃尔玛还注重员工的职业发展和激励机制，提升员工的工作积极性和忠诚度。

沃尔玛的区域集中战略是一种有效的市场扩张策略。通过精准的市场定位、高效的运营管理、强大的人力资源整合以及持续的创新改进，沃尔玛成功实现了在全球范围内的快速扩张和持续发展。

当然，区域集中商业模式也面临着一些挑战，如商业竞争加剧、租金成本上涨、消费者需求变化等。因此，企业在采用该商业模式时，需要充分考虑市场环境、消费者需求、商业资源等多方面因素，制定合理的商业规划和经营策略。

社群团购：美团优选的"预购+自提"模式

在当今互联网时代，社群团购作为一种新兴的电商模式，正以其独特的魅力吸引着越来越多的消费者。美团优选作为该领域的佼佼者，凭借其"预购+自提"的创新模式，不仅为消费者带来了实惠与便利，也为商家提供了新的增长动力。

美团优选作为美团旗下的社区团购平台，通过整合线上线下资源，打造了一个以社区为单位的团购网络。在这个网络中，消费者可以提前在平台上预购所需商品，并选择就近的自提点进行提货。这种模式不仅节省了消费者的时间和精力，还通过集中采购降低了商品成本，让消费者享受到了更优惠的价格。

那美团是如何实现"预购+自提"模式的呢？主要运作流程如下。

1. 构建社群网络

美团优选通过线上社交平台和线下社区活动，积极构建以社区为单位的团购网络。在这个网络中，消费者可以方便地获取团购信息，参与团购活动，并与邻居们分享购物乐趣。

2. 商品筹备与上架

美团优选与各类供应商建立紧密合作关系，确保商品来源的多样性和品质保障。平台团队会根据市场需求、季节变化等因素，精心挑选并上架商品。同时，通过大数据分析消费者购买行为，不断优化商品结构，以满足不同消费者的需求。

3. 预售信息发布

在商品正式销售前，美团优选会通过线上平台发布预售信息，包括商品详情、价格、预售期限等。消费者可以提前了解商品信息，并根据自己的需求进行预购。

4. 消费者预购

消费者通过美团优选平台浏览商品，选择自己心仪的商品并下单预购。平台支持多种支付方式，确保交易过程的便捷和安全。预购成功后，消费者会收到确认信息，包括提货时间、地点等。

5. 订单汇总与配送

在预售期结束后，美团优选会对所有订单进行汇总，并根据订单信息安排商品配送。平台拥有高效的物流配送系统，确保商品能够准时、安全地送达各个自提点。

6. 消费者自提

商品送达自提点后，消费者可以在规定的时间内前去提货。自提点通常设在社区便利店、快递驿站等便利场所，方便消费者就近取货。消费者只需出示订单确认信息或相关身份证明，即可轻松提取商品。

7. 售后服务与反馈

美团优选重视消费者的购物体验，提供完善的售后服务。如商品存在质量问题或消费者有其他疑问，可以随时联系平台客服进行处理。同时，平台鼓励消费者提供购物反馈，以便不断优化服务质量和商品选择。

8. 强大的后台支持

为了保证"预购 + 自提"模式的顺畅运行，美团优选建立了一套完善的后台支持系统。这个系统包括订单管理、库存管理、物流配送等多个模块，确保了团购活动的顺利进行和消费者的良好体验。

通过"预购 + 自提"模式，美团优选实现了对消费者需求的精准把握和快速响应。这种模式不仅降低了库存风险，还提高了商品的周转率。同时，自提服务节省了消费者的时间和精力，提升了消费者的购物体验。

当然，美团优选也面临着一些挑战。首先，随着市场竞争的加剧，如何保持商品的差异化和性价比优势成为一个重要课题。其次，自提点的管理和维护也需要投入大量的人力和物力。最后，如何处理好与供应商、自提点以及消费者之间的利益关系，确保团购活动的持续发展也是一个需要关注的问题。

美团优选的"预购 + 自提"模式为社群团购领域带来了新的活力和机遇。通过精细化的运作流程和不断创新的服务模式，美团优选成功吸引了大量消费者的关注和参与。

随着技术的不断进步和消费者需求的日益多样化，社群团购领域将迎来更多的发展机遇和创新空间。

在技术进步和消费者需求多样化的推动下，社群团购正在逐步成为一个重要的商业模式。这也意味着该领域的竞争将日益激烈，对于企业来说，能否抓住这些机遇，将取决于他们的创新能力、市场敏感度和执行力。

第三章
订阅模式："服务 + 承诺"驱动用户付费行为

在数字化浪潮席卷全球的今天，订阅模式不仅是一种简单的交易方式，更是企业与用户之间建立长期、深度连接的桥梁。通过精心策划的订阅服务，企业能够提供超越一次性购买的持续价值，让用户感受到源源不断的优质服务与关怀。

媒体订阅：《财经》杂志靠什么吸引高净值读者

媒体订阅商业模式是一种基于定期支付费用的模式，用户通过支付一定的费用，获得对媒体内容的持续访问权。这种商业模式的核心在于建立稳定的读者群体，并通过提供高质量、有价值的内容来吸引和留住他们。

我们知道，订阅是一种信息获取方式。用户通过订阅特定的媒体源，如新闻网站、博客、杂志、微信公众号等，获取该媒体源发布的最新内容。这种订阅方式通常基于RSS、邮件、App推送等技术实现，用户可以根据自己的需求和兴趣定制不同的媒体源，以便及时获取所需的信息。平时，用户可以根据自己的时间和兴趣，随时随地阅读自己订阅的媒体内容，而不需要主动搜索或浏览大量无关的信息。同时，媒体订阅也可以帮助用户筛选出高质量、可信赖的信息源，避免被虚假或低质量的信息干扰。除了个人用户，企业和机构也可以利用媒体订阅及时获取行业资讯、竞争对手动态等信息，以便做出更明智的决策。因此，媒体订阅已经成为现代社会中不可或缺的信息获取方式之一。

在商业实践中，很多媒体平台都提供了订阅功能，比如今日头条的头条号、百度的百家号、微信公众号等。用户可以通过这些平台订阅自己感兴趣的内容，当媒体平台上有新的内容更新时，用户就可以及时收到通知并阅读。

在媒体行业竞争日益激烈的今天，《财经》杂志以其独特的定位和高质量的内容，成功吸引了一大批高净值读者。

《财经》杂志作为国内知名的财经类媒体，一直以来以其深度、专业的报道和分析赢得了广大读者的青睐。特别是在吸引高净值读者方面，《财经》杂志更是有着独到的策略和方法。

首先，在内容制作上，《财经》杂志注重原创性和深度。它拥有一支高素质的采编团队，成员多来自国内外知名高校，具备深厚的财经知识和丰富的报道经验。他们深入挖掘财经领域的热点话题，为读者提供有深度、有见解的报道和分析。

其次，在传播渠道上，《财经》杂志积极拓展多元化传播方式。除了传统的纸质杂志外，还推出了电子版、手机客户端等多种传播渠道，方便读者随时随地获取杂志内容。同时，它还积极与各大社交媒体平台合作，通过微博、微信等社交媒体账号，及时发布最新的财经资讯和评论，吸引更多潜在读者。

最后，在服务方面，《财经》杂志注重与读者的互动和交流。它定期举办读者见面会、专家讲座等活动，为读者提供与专家面对面交流的机会。同时，它还建立了完善的读者反馈机制，及时了解读者的需求和意见，不断改进杂志内容和服务。

《财经》杂志通过精准定位、高质量内容、多元化传播和优质服务等多种手段成功吸引了高净值读者。这些成功的经验不仅为其他媒体提供了借鉴和参考，也为整个媒体行业的发展带来了新的思考和启示。

内容付费：知乎向付费会员提供专属权益

内容付费商业模式是一种基于用户对高质量、有价值的内容进行付费的商业模式。在这种模式下，内容创作者或提供商通过生产优质的内容，如文章、视频、音频、图片等，并将其放在特定的平台上供用户付费访问或购买，从而实现盈利。

知乎，作为国内知名的问答社区平台，一直以其高质量的知识分享和互动氛围吸引着大量用户。近年来，随着内容付费趋势的兴起，知乎也开始探索向付费会员提供专属权益的商业模式。通过设立会员制度，知乎成功地将一部分免费用户转化为付费用户，实现了商业价值的提升。

知乎的付费会员制度包括多个层级，不同层级的会员享有不同的权益。这些权益包括但不限于：无限制阅读全站优质内容、参与会员专属活动、优先获得知乎官方推荐等。这些专属权益的设置，不仅增加了用户的黏性和活跃度，也为知乎带来了可观的收入。

知乎在向付费会员提供专属权益的过程中，采用了以下几种方法。

1. 精准定位

知乎深知，要想成功推行付费会员模式，首先必须对其用户群体有深入的了解。通过收集和分析用户的浏览记录、互动行为、搜索关键词等数据，知乎能够绘制出详细的用户画像，进而明确目标付费会员的特征和需求。例如，他们可能是某个行业的专业人士，渴望获取更深入的行业洞察；或者是对某个领域有浓厚兴趣的爱好者，希望获得更系统的知识学习。

这种精准定位不仅帮助知乎锁定了潜在的付费会员群体，还为其后续的内容生产和权益设计提供了有力的指导。

2. 优质内容生产

在明确了目标用户群体的需求后，知乎将重点放在了优质内容的生产上。知乎深知，只有高质量的内容才能吸引用户付费。因此，知乎通过设立各种激励机制，如提供丰厚的稿费、给予更多的曝光机会等，积极鼓励专业用户分享他们的知识和见解。

这些专业用户可能是某个领域的专家、学者，也可能是具有丰富实践经验的行业领袖。他们的加入不仅为知乎带来了大量高质量的内容，还提升了知乎在知识分享领域的权威性和影响力。

3. 多元化权益设计

为了满足不同用户的需求，知乎在付费会员权益的设计上下了不少功夫。除了提供基本的无限制阅读权限外，知乎还为付费会员提供了参与线下活动的机会，如研讨会、讲座等，让他们能够与行业内的知名人士进行面对面的交流和互动。

此外，付费会员还可以优先体验知乎推出的新功能，享受更个性化的推荐服务，以及获得专属的客服支持等。这些多元化的权益设计不仅让付费会员感受到了与众不同的尊贵体验，还增强了他们对知乎平台的归属感和忠诚度。

4. 灵活定价策略

知乎根据会员层级和权益的不同，制定了灵活的定价策略。用户可以根据自己的需求和预算选择合适的会员套餐,这种灵活性有助于吸引更多用户转化为付费会员。

从人力资源管理的角度来看,知乎在内容付费方面的成功也得益于其优秀的人才团队和高效的管理模式。知乎注重人才的选拔和培养,特别是在内容生产和管理方面,拥有一支专业、高效的团队。同时,知乎建立了完善的内容审核和管理机制,确保平台上内容的质量和合规性。这些优秀的管理实践为知乎提供了稳定、高质量的内容输出,为付费会员提供了持续的价值。

知乎通过向付费会员提供专属权益的商业模式,成功地将一部分免费用户转化为付费用户,实现了商业价值的提升。在整个过程中,知乎需要持续关注用户反馈和市场动态,不断调整和优化策略,以确保其商业模式的持续成功和领先地位。

作为一种相对新型的商业模式,企业要成功运用该模式,不但需要提供有价值的内容、建立有效的付费机制、提供良好的用户体验,也要保护内容的版权、制定有效的营销策略,如此,才能激励更多内容创作者或提供商,从而实现可持续的盈利和发展。

付费订阅:好未来通过个性化服务实现盈利

在如今的信息化时代,用户对于个性化、定制化的需求日益凸显。好未来作为一家知名的教育科技公司,凭借其深厚的行业积累和创新能力,成功通过付费订阅模式为用户提供个性化服务,并实现了可观的盈利。

付费订阅商业模式是一种基于定期支付费用的模式，其中用户付费以获得对特定内容的持续访问权。这种模式在许多行业，特别是媒体和内容产业中越来越受欢迎。好未来从教育行业的痛点出发，针对学生和家长对于个性化辅导的迫切需求，推出了付费订阅服务。该服务通过智能分析学生的学习数据，为每位学生量身定制学习计划，并提供一对一的在线辅导。这种服务模式不仅提高了学生的学习效率，也让家长更加放心和满意。

在实施付费订阅模式的过程中，好未来注重用户体验和服务质量。他们建立了一支专业的教师团队，每位教师都经过严格的选拔和培训，确保能够为学生提供高质量的辅导服务。同时，好未来还不断优化其技术平台，提升数据分析和个性化推荐的能力，以更好地满足用户的需求。

好未来在实施付费订阅模式时，主要采用了以下方法：

1. 用户需求分析

好未来通过市场调研和用户访谈等方式，深入了解学生和家长对于个性化辅导的需求和期望。他们发现，传统的大班教学无法满足每位学生的个性化需求，而一对一的辅导服务则能够更好地解决这一问题。

2. 产品设计

基于用户需求分析的结果，好未来设计了付费订阅服务产品。该产品通过智能算法分析学生的学习数据，识别学生的学习特点和问题所在，并据此制订个性化的学习计划。同时，产品还提供了一对一的在线辅导服务，以确保学生能够及时获得帮助和指导。

3. 教师团队建设

为了提供高质量的辅导服务，好未来建立了一支专业的教师团队。他们通过严格的选拔机制挑选出优秀的教师，并为他们提供系统的培训和持续的职业发展机会。这样不仅确保了教师的教学质量，也提升了教师的归属感和忠诚度。

4. 营销推广

为了让更多的用户了解和接受付费订阅服务，好未来进行了广泛的营销推广活动。他们通过线上线下的渠道宣传产品的优势和特点，并与教育机构、学校等合作伙伴建立合作关系，共同推广个性化辅导的理念和服务。

另外，好未来也非常注重人才的选拔、培养和管理。他们建立了完善的人才招聘和选拔机制，确保能够吸引和留住优秀的人才。同时，好未来还注重员工的培训和发展，为员工提供广阔的职业发展空间和良好的工作环境。这种以人为本的管理理念不仅提升了员工的工作积极性和创造力，也为公司的持续发展提供了有力的支持。

在实施付费订阅模式的过程中，好未来也曾面临一些挑战和问题。例如，如何持续保持服务质量的高水平以满足用户的期望；如何应对竞争对手的模仿和竞争压力；以及如何不断创新和优化产品以适应市场的变化等。为了应对这些挑战和问题，好未来需要不断加强技术研发和团队建设，提升服务质量和用户体验；同时还需要密切关注市场动态和用户反馈，及时调整和优化策略以保持竞争优势。

要实施这一商业模式，除了要能够应对上述挑战，还要提供高质量的内容和优质的服务，以吸引并留住付费用户。所以，要运用好这个模式并非易事。

体验升级：网易云音乐为付费用户解锁新服务

随着网络技术的发展和智能终端的普及，用户对于音乐消费的需求也日益多元化。网易云音乐作为国内领先的音乐平台之一，通过不断创新服务模式，提升用户体验，成功吸引了大量用户，并在激烈的市场竞争中脱颖而出。

网易云音乐针对付费用户推出了一系列新服务，包括无损音质、独家歌单、定制推荐、线下音乐活动等。这些新服务满足了用户对于高品质音乐的需求。同时，为了提供更加个性化和多元化的音乐体验，网易云音乐还为付费用户解锁了新的服务，增强了用户的参与感和归属感。

为此，网易云音乐采取了如下一些商业策略。

1. 深入洞察用户需求

网易云音乐通过对用户数据的深入分析，发现付费用户对于音乐品质和服务体验有着更高的要求。因此，平台决定针对这部分用户推出更加精细化和个性化的服务，以满足他们的需求。

2. 服务创新设计

在深入了解用户需求的基础上，网易云音乐进行了服务创新设计。平台不仅提供了无损音质等基础性服务，还通过独家歌单、定制推荐等方式，为用户打造了更加个性化的音乐体验。此外，线下音乐活动的推出，更是将音乐体验从线上延伸到了线下,增强了用户的沉浸感和参与感。

3. 反馈驱动的服务改进

根据用户反馈,网易云音乐对新服务进行了多轮优化。例如,针对用户反映的推荐不准确问题,平台优化了推荐算法,提高了推荐的个性化程度;针对用户对于线下活动体验不佳的反馈,平台改进了活动流程和服务细节,提升了用户的参与感和满意度。

4. 建立用户反馈闭环

网易云音乐不仅注重对用户反馈的收集和分析,还建立了用户反馈闭环机制。这意味着平台会对用户反馈进行持续跟踪和处理,确保每一个问题都能得到妥善解决。这种闭环机制不仅提升了用户对于平台的信任度和满意度,也为平台提供了持续改进的动力和方向。

5. 提供有力技术支撑

为了实现这些服务创新,网易云音乐在技术方面也加大了投入。他们利用大数据和人工智能技术,对用户数据进行深度挖掘和分析,以实现更加精准的推荐。同时,平台还不断优化音频处理技术,以提供更高品质的音乐播放服务。

6. 完善人力资源与管理

在服务创新的过程中,网易云音乐也注重人力资源的管理和配置。他们建立了一支专业的产品团队和技术团队,负责新服务的研发和优化。同时,平台还通过培训和激励机制,提升员工的服务意识和专业能力,以确保新服务的顺利实施。

7. 方法总结

如果用一句话概括,那就是"以用户为中心,以数据为驱动,以创新为动力"。平台始终将用户的需求放在首位，通过数据分析和挖掘了解用户的喜好和行为习惯，以此为基础进行服务创新。其为付费用户解锁新服务的做法不仅提升了用户体验和满意度，也为平台带来了商业价值。

游戏订阅：某游戏公司如何提升玩家留存率

在游戏行业中，玩家的留存率是衡量一款游戏成功与否的关键指标。留存率的高低直接反映了游戏的吸引力、用户体验以及游戏公司的运营能力。随着游戏市场的日益成熟和竞争的加剧，如何通过创新商业模式提升玩家留存率，成为游戏公司面临的一大难题。

订阅模式作为一种广泛应用于多个行业中的商业模式，近年来在游戏行业也逐渐兴起。在这种模式下，玩家可以通过定期支付一定的费用，享受到游戏内的多种特权和服务。对于游戏公司而言，订阅模式不仅能够带来稳定的收入流，更能通过提供持续的价值服务，增强玩家的黏性和忠诚度，从而提升玩家留存率。

某游戏公司推出了一款受欢迎的在线多人游戏，初期凭借新颖的游戏设定和精美的画面吸引了大量玩家。然而，随着时间的推移，玩家流失率逐渐上升，成为公司亟待解决的问题。为了提升玩家留存率，该公司决定引入订阅模式，为玩家提供更为丰富和个性化的游戏体验。

1. 精心设计订阅内容

（1）多层次订阅服务

设计基础、中级和高级订阅层级，针对每个层级提供不同的特权和奖励，确保满足不同玩家的需求。

基础订阅可以提供如广告去除、小额游戏内货币加成等基本特权；中级和高级订阅则逐步解锁更多独特角色、装备、地图以及高级社交功能等。

（2）定期更新与扩展

每月或每季度为订阅玩家提供新的游戏内容，如新角色、新地图、新任务等，保持游戏的新鲜感和吸引力。

结合节日、活动等特殊时段推出限时订阅奖励，增加玩家订阅的紧迫感和期待值。

2. 全面优化用户体验

（1）简洁明了的订阅流程

确保玩家可以轻松了解订阅选项、价格和权益，避免复杂的购买步骤和冗余信息。

在游戏内设置明显的订阅入口和指引，方便玩家随时了解和选择订阅服务。

（2）专属客户服务

为订阅玩家提供优先的客户服务，包括快速响应的客服渠道、专属的问题解决团队等。

定期收集订阅玩家的反馈和建议，及时调整和优化订阅服务，确保玩家满意度持续提高。

3. 建立激励机制

（1）长期订阅奖励计划

设立长期订阅玩家的专属奖励计划，如连续订阅达到一定时间后赠送稀有物品或额外游戏内货币。同时，推出订阅积分系统，玩家可以通过积分兑换游戏内珍贵物品或特殊权益。

（2）社交荣誉展示

在游戏内为订阅玩家设置独特的标志和荣誉展示，如特殊称号、头像框等，彰显他们尊贵的身份。允许订阅玩家在游戏社区中拥有更多特权，如优先发言、组织活动权限等，提升他们的社交地位和影响力。

4. 有效营销与推广

（1）免费试用与限时优惠

提供短期的免费订阅试用服务，让玩家亲身体验订阅带来的好处，增加他们转化为付费订阅用户的可能性。

在特定时段推出限时优惠活动，如打折促销、买一赠一等，刺激玩家购买欲望和行动力。

（2）跨平台多渠道宣传

利用社交媒体、游戏论坛、合作伙伴等渠道广泛宣传订阅服务，扩大覆盖面和影响力。

发布订阅玩家的成功案例和游戏内精彩瞬间，以真实案例吸引更多潜在玩家关注和加入。

5. 持续数据分析与优化

（1）紧密追踪留存率变化

通过数据分析工具紧密追踪订阅玩家的留存率变化，与非订阅玩家进行对比分析，找出差异和原因。深入分析导致玩家流失的关键因素，如游戏难度、内容更新速度、付费模式等，并制订相应的改进措施和优化方案。

（2）A/B 测试与迭代优化

对不同的订阅策略进行 A/B 测试（一种统计学上的双组对照实验方法），比较不同方案对玩家留存率的影响效果，找出最优解。根据测试结果及时调整订阅内容、价格和推广策略，确保订阅服务始终与玩家需求保持高度契合。

6. 加强社区建设与互动

（1）打造专属社区

创建一个专属于订阅玩家的社区或论坛板块，为他们提供一个交流心得、分享经验的平台。鼓励订阅玩家在社区内积极发言、分享游戏攻略和心得体会，形成良好的互动氛围和社区文化。

（2）定期组织线上线下活动

定期组织订阅玩家专属的线上比赛、线下聚会等活动，增强他们的归属感和忠诚度。

通过活动设置奖励和荣誉展示，进一步激发订阅玩家的参与热情和积极性。同时，这也是一个宣传和推广订阅服务的好机会。

通过上述策略，游戏公司大幅提升了玩家的订阅留存率。这意味着玩家更加喜欢这款游戏，愿意为之持续投入时间和精力，甚至愿意为游戏内的额外内容或服务付费。说到底，这都归功于游戏公司对订阅玩家需求的深入了解、持续的内容更新与优化，以及出色的用户服务体验。

个性定制：可口可乐推出昵称瓶

在快速消费品行业中，产品的个性化和定制化逐渐成为吸引消费者、提升品牌价值的新趋势。可口可乐作为全球知名的饮料品牌，一直以其创新的营销策略和敏锐的市场洞察力而著称。近年来，可口可乐推出了"昵称瓶"个性定制服务,将传统的产品销售模式转变为一种更具情感化、个性化的消费体验。这种商业模式不仅满足了消费者对个性化产品的需求,也为可口可乐带来了品牌传播和销售业绩的双重提升。

可口可乐的"昵称瓶"活动是一次成功的个性化营销案例。该活动允许消费者在购买可口可乐产品时,选择或定制带有个人昵称或特定标签的瓶身。这些昵称可以是消费者的名字、爱称、网络 ID,甚至是表达某种情感或态度的词语。通过在线平台或指定销售渠道,消费者可以提交自己的昵称,并选择将其印在可口可乐的瓶身上。

这一活动在全球范围内引起了广泛关注和积极参与。消费者们纷纷在社交媒体上分享自己定制的昵称瓶,形成了强大的口碑传播效应。可口可乐不仅借此机会增强了与消费者之间的情感联系,还成功地将这种个性化体验转化为实际的销售增长。

在实施这一商业模式时,可口可乐非常注重如下几项工作。

1. 深入了解目标消费者

在实施个性化定制服务之前,企业需要对目标消费者进行深入的了解和研究。包括他们的消费习惯、兴趣爱好、价值观等方面。只有充分了解消费者,才能提供符合他们需求的个性化产品。

2. 设计吸引人的定制选项

定制选项的设计是个性化定制服务的关键。企业需要提供丰富多样的定制选项,让消费者有足够的选择空间。同时,这些选项还需要具有吸引力和独特性,能够激发消费者的购买欲望。

3. 优化定制流程

个性化定制服务的流程应该尽可能简单、便捷。企业需要提供一个易于操作的定制平台或工具，让消费者能够轻松地完成定制过程。此外，还需要建立完善的客户服务体系，及时解答消费者在定制过程中遇到的问题。

4. 利用社交媒体和口碑传播

社交媒体和口碑传播是个性化定制服务推广的重要手段。企业可以通过设置话题挑战、邀请网红或意见领袖参与等方式，激发消费者的分享欲望。同时，还需要关注消费者的反馈和评价，及时调整和优化服务。

5. 强化供应链和人力资源管理

个性化定制服务对供应链和人力资源管理提出了更高的要求。企业需要优化生产流程、提升物流效率以确保产品的及时交付；投入专业的团队和充足的资源以支持活动的策划、执行和监控；通过明确的目标设定、细致的任务分工和有效的激励机制来确保活动的成功实施。

可口可乐的"昵称瓶"活动被认为是一次非常成功的个性化定制服务案例。该活动巧妙地将产品与市场策略相结合，通过在可口可乐瓶子上印上各种有趣的、与消费者个性相符的昵称，成功地拉近了品牌与消费者之间的距离，增加了产品的趣味性和个性化元素。

可口可乐这一商业模式的成功，为整个营销行业提供了一种新的、有趣的营销思路——在日益激烈的市场竞争中，只有不断创新并紧密关注消费者需求，特别是个性化需求的企业，才能从激烈的市场竞争中脱颖而出并取得成功。

第四章

品牌营销模式：做好内部赋能是关键

一个强大的品牌不仅需要外部的市场推广，更需要内部的策略优化、团队协作与创新能力。因此，做好内部赋能，是品牌营销模式中的关键环节。通过有效的内部赋能，企业能够激发团队潜力，提升市场竞争力，从而实现品牌的持续发展壮大。

品牌运营：如家打造"经济型"酒店品牌

品牌运营，作为现代商业中的核心战略之一，涉及品牌的建立、维护、推广和管理，旨在通过塑造独特的品牌形象和提供一致的品牌体验，来增强消费者对品牌的认知、信任和忠诚度。

作为现代商业战略中的基石，品牌运营对于企业的长期发展和市场地位具有举足轻重的作用。通过精准的品牌定位、高效的品牌传播、卓越的品牌体验以及持续的品牌管理，企业能够在激烈的市场竞争中稳固自身地位，赢得消费者的信赖和忠诚。如家酒店便是这一战略实践的典范。

如家酒店集团成立于 2002 年，经过短短几年的发展，便以其鲜明的"经济型"酒店定位和优质的服务赢得了市场的广泛认可。从商业模式角度来看，如家成功打造"经济型"酒店品牌主要归功于以下几个方面。

1. 明确的市场定位

如家从创立之初就明确了自己的市场定位——为商务和休闲旅行等客人提供"干净、温馨"的酒店产品。在高星级酒店和低服务质量的小旅馆之间，如家准确地找到了一个平衡点，即提供价格适中但品质有保障的住宿服务。这一定位不仅满足了广大中低端消费者的出行需求，也避开了与高端酒店的直接竞争，为如家赢得了巨大的市场空间。

2. 精简的服务项目

为了降低成本并保持价格竞争力，如家在经济型酒店的服务项目上进行了精简。它们将重心放在住宿和早餐这两个核心功能上，而对于其他非必需的服务则进行删减或外包。这种"删繁就简"的原则不仅降低了运营成本，也提高了运营效率，使得如家能够以更低的价格提供优质的服务。

3. 高效的运营管理

如家通过标准化和流程化的运营管理，确保了酒店服务的一致性和高效性。从客房布置、清洁卫生到员工服务，如家都有一整套严格的标准和流程。这种标准化的运营管理不仅提高了运营效率，也增强了客户对品牌的信任感。此外，如家还通过集中采购、优化人员配置、节能减排等措施进一步降低成本，实现了高效运营和成本控制的有效结合。

4. 创新的营销策略

如家积极拥抱互联网和新媒体，通过在线预订、会员制度、社交媒体营销等方式吸引年轻客户群体。这种创新的营销策略不仅降低了营销成本，也增强了营销效果。通过与合作伙伴的跨界合作、开展线上线下互动活动等方式，如家进一步扩大了市场份额和品牌影响力。

5. 人力资源与管理的支持

如家酒店注重员工的选拔和培训，确保员工具备专业的服务技能和良好的职业素养。通过制定明确的晋升通道和激励机制，如家成功地激发了员工的工作积极性，让员工有了归属感。此外，如家还建立了完善的客户反馈机制，及时收集和处理客户意见，不断优化服务品质。

通过上述措施，如家酒店成功打造了"经济型"酒店品牌，并在竞争激烈的市场中脱颖而出。这种商业模式不仅满足了广大中低端消费者的出行需求，也为如家赢得了巨大的市场空间和品牌影响力。

特许经营：必胜客的中国本土化运营

特许经营作为一种成熟的商业模式，被广泛应用于全球各行各业。其核心在于品牌拥有者（特许人）将品牌的经营权、专有技术、管理模式等授权给符合条件的受许人，允许其在一定区域内使用品牌进行经营活动，并按照约定分享经营收益。这种模式对于品牌快速扩张、降低市场风险和提升品牌影响力具有显著优势。

必胜客，作为国际知名的连锁餐饮品牌，进入中国市场后，积极推行本土化运营策略。在必胜客的中国本土化运营中，特许经营模式扮演了重要角色。通过本土化的特许经营，必胜客不仅迅速融入了中国市场，还在保持品牌核心价值的同时，实现了与当地文化的有机结合。

必胜客在中国的本土化运营策略，具体展现在以下几个方面。

1. 针对中国市场的产品与口味调整

为了迎合中国消费者的口味偏好，必胜客在菜单上进行了大量本土化的创新。他们不仅推出了融合中式风味和食材的特色比萨，还尝试将传统的中式烹饪手法融入创意菜品中。这种策略不仅拓宽了消费者的选择范围，也有效地提升了品牌在中国市场的吸引力。

2. 严格筛选特许经营合作伙伴

在中国推行特许经营模式时，必胜客对潜在的合作伙伴进行了严格的筛选和评估。他们倾向于选择那些具备丰富餐饮管理经验、深谙当地市场动态，并具备足够资金实力的企业或个人作为特许经营伙伴。这样的选择标准确保了合作伙伴能够快速融入必胜客的经营体系，并严格按照品牌的标准进行运营。

3. 为特许经营店面提供全面的培训与支持

为了确保特许经营店面的运营质量和服务水平，必胜客为合作伙伴提供了一整套完善的培训和支持体系。这包括协助选址、提供统一的装修设计标准、制订详细的员工培训计划、策划营销活动以及提供日常运营管理的指导和帮助。这些措施有效地帮助合作伙伴顺利开启业务，并在运营过程中持续得到品牌的支持和指导。

4. 实施本土化的人力资源管理策略

在人力资源管理方面，必胜客也积极推行本土化策略。他们通过招聘具有当地背景的员工，为他们提供有针对性的培训和发展机会，以激发员工的归属感和工作热情。同时，他们还赋予熟悉当地市场的本土管理团队一定的管理权限，使其能够更灵活地应对市场变化，并做出符合当地实际情况的决策。这种本土化的人力资源管理策略有助于提升团队的凝聚力和执行力，为品牌在中国市场的长期发展奠定坚实的基础。

5. 持续监测与调整策略

在特许经营的实践中，必胜客深知市场动态和消费者反馈的重要性。他们建立了一套有效的机制，持续追踪和分析市场趋势、竞争对手动态以及消费者需求和反馈。当发现问题或潜在机会时，他们会迅速进行策略调整和优化，以确保其所提供的产品和服务始终与市场需求保持同步。

同时，必胜客与受许人之间一直保持着密切的沟通。他们定期举行会议，共同讨论运营中遇到的挑战和解决方案。这种合作模式确保了特许经营体系的稳健发展，也加强了品牌与受许人之间的合作关系。

正是凭借特许经营模式的成功运用和本土化运营策略的深入实施，必胜客在中国市场取得了令人瞩目的成绩。其他企业可以从必胜客的经验中汲取灵感，结合自身实际情况和市场需求，制定出切实可行的本土化运营策略。通过不断学习和创新，这些企业也有望在激烈的市场竞争中脱颖而出，实现商业模式的成功应用。

品牌IP化：为什么提及"乔布斯"会让人想到iPhone

在当前的商业环境中，品牌IP化已经成为一种趋势，它指的是将品牌与知识产权（IP）相结合，通过创造独特的品牌形象和故事，使消费者在购买产品时不仅关注产品本身，更关注产品所代表的品牌价值和情感连接。这种商业模式的成功在于它能够将品牌从单一的产品或服务提供者转变为一种文化现象，从而在消费者心中形成深刻的印象和强烈的认同感。

品牌IP化的核心在于创造独特的品牌形象和故事。这需要通过深入的市场调研和消费者洞察，了解目标受众的需求和偏好，然后结合品牌的核心理念和价值观，打造出能够引起消费者共鸣的品牌形象和故事。一旦品牌形象和故事得到消费者的认同，就能够形成强大的品牌忠诚度和口碑效应，从而推动产品的销售和品牌的发展。

当提及"乔布斯"，很多人第一时间会想到iPhone，这一现象并非偶然，它背后隐藏着品牌IP化的深层次逻辑和成功策略。乔布斯作为苹果公司的创始人和灵魂人物，他的个人魅力和创新思维与苹果品牌紧密相连，共同塑造了苹果独特的品牌形象。

首先，乔布斯注重产品的创新和品质。他深知只有不断创新，才能保持品牌的竞争力。因此，苹果公司在他的领导下，不断推出具有划时代意义的产品，如iPhone、iPad等。这些产品不仅在设计上独具匠心，而且在功能上也引领了行业的潮流。乔布斯的这种追求创新和品质的精神，深深地烙印在了苹果品牌之中。

其次，乔布斯擅长讲述品牌故事。他通过精心策划的产品发布会、广告宣传等手段，将苹果品牌的故事传递给消费者。这些故事不仅展示了苹果产品的功能和特点，更传递了苹果品牌的理念和价值观。例如，乔布斯的"Think Different"（不同凡响）广告，鼓励人们敢于创新、勇于挑战，这与苹果品牌的核心理念高度契合，引发了消费者的共鸣。

最后，乔布斯注重与消费者的情感连接。他深知品牌不仅仅是产品或服务，更是一种情感上的认同和连接。因此，他通过与消费者建立情感上的联系，使消费者对苹果品牌产生了深厚的感情。例如，乔布斯的每一次产品发布都充满激情和感染力，他的演讲风格和肢体语言都深深地吸引着消费者，使他们对苹果品牌产生了强烈的认同感和归属感。

从乔布斯的案例中，可以总结出以下几个品牌 IP 化的具体方法。

1. 注重产品的创新和品质

只有不断创新、追求卓越的品质，才能保持品牌的竞争力和吸引力。企业应该深入了解目标受众的需求和偏好，结合自身的技术和资源优势，打造出具有独特性和领先性的产品。

2. 要讲好品牌故事

品牌故事是品牌 IP 化的核心。企业通过精心策划的广告宣传、公关活动等手段，将品牌故事传递给消费者。这些故事应该围绕品牌的核心理念和价值观展开，引发消费者的共鸣。

3. 学会与消费者建立情感连接

品牌不仅仅是产品或服务，更是一种情感上的认同和连接。企业应该通过与消费者建立情感上的联系，使消费者对品牌产生深厚的感情。这可以通过提供优质的服务、关注消费者的需求和反馈、举办互动活动等方式实现。

4. 打造独特的品牌形象

品牌形象是品牌 IP 化的重要组成部分。企业应该根据自身的核心理念和价值观，打造出独特的品牌形象和视觉识别系统。这包括品牌名称、标志、色彩、字体等元素的设计和运用。

5. 做好整合营销传播

品牌 IP 化需要整合各种营销传播手段，形成统一的品牌形象和声音。企业应该根据目标受众的特点和偏好，选择合适的传播渠道和内容形式，如社交媒体、广告、公关活动等，将品牌的信息和价值观传递给消费者。

另外，在人力资源方面，企业也需要做出相应的调整以适应品牌IP化的需求。首先，企业需要招聘和培养具有创新思维和品牌意识的人才，使之理解并践行品牌的核心理念和价值观。其次，企业需要建立灵活的组织结构和管理机制，以支持品牌的快速发展和创新需求。最后，企业需要营造良好的企业文化氛围，激发员工的创造力和归属感，为品牌的长期发展提供坚实的支撑。

品牌IP化已被证明是一种极具成效的商业模式。通过巧妙地将品牌形象转化为具有独特魅力和吸引力的IP（知识产权），企业不仅能够在激烈的市场竞争中脱颖而出，还能够形成难以复制的品牌优势和深厚的消费者忠诚度。这种模式的成功在于它能够将品牌的核心价值观、文化理念以及产品特色以更加生动、有趣的方式呈现给消费者，从而引发消费者的情感共鸣和认同。

自营品牌：京东超市打造自有品牌

随着电子商务的快速发展，越来越多的电商平台开始尝试打造自营品牌，以实现品牌差异化、提升平台盈利能力和掌握更多的话语权。京东超市作为京东旗下的重要业务板块，也紧跟这一趋势，通过打造自有品牌，为消费者提供更多优质、高性价比的商品选择。

京东超市的自营品牌模式主要是基于对市场需求、消费者偏好和行业趋势的深入研究，通过自主研发、生产或与优质供应商合作，推出符合京东超市品牌定位的商品。这些商品在品质、设计、价格等方面都具有竞争力，能够满足消费者的多元化需求。

对于京东超市来说，自营品牌的优势在于，可以直接掌控商品的研发、生产、销售和售后等环节，确保商品的品质和服务质量。同时，通过去除中间环节，降低成本，使得商品价格更具竞争力。此外，自营品牌还能够加强京东超市与消费者之间的联系，提升消费者对平台的信任和忠诚度。

如今，京东超市在打造自有品牌方面已经取得了不俗的成绩，其中最具代表性的案例就是"京东京造"和"京东自有品牌——惠寻"。

1. 京东京造

京东京造是京东超市旗下的一个高品质自有品牌，涵盖了家居、家电、数码、日用等多个品类。该品牌以"简约、实用、高性价比"为核心理念，致力于为消费者提供优质的生活用品。通过与优质供应商的合作以及严格的质量控制体系，京东京造确保了商品的品质和性价比。同时，借助京东强大的营销和物流体系，京东京造在短时间内实现了品牌的快速增长和市场份额的提升。

在推广方面，京东京造充分利用了京东平台的流量优势，通过线上广告投放、促销活动推广等手段提高了品牌的曝光率和知名度。此外，京东京造还注重社交媒体的运营，通过发布有趣、实用的内容吸引潜在消费者，并与粉丝进行互动和交流，加强了品牌与消费者之间的联系。

2. 惠寻

惠寻是京东超市针对中低端市场推出的自有品牌，主打性价比高、实用性强的商品。通过与优秀供应商的深度合作及精细化的运营管理，惠寻实现了商品的低成本和高品质。在商品研发方面，惠寻注重市场调研和消费者反馈，不断优化商品设计和功能，以满足消费者的实际需求。

在销售方面，惠寻充分利用京东超市的线上线下渠道优势，实现了商品的广泛覆盖和快速流通。同时，通过丰富的促销活动和价格优惠，惠寻吸引了大量对价格敏感的消费者，提升了品牌的销售额和市场份额。

结合京东超市打造自有品牌的成功经验，可以总结出以下几点具体、翔实且具有可操作性的方法。

1. 深入进行市场调研与消费者洞察

在打造自有品牌之前，要进行深入的市场调研与消费者洞察，了解目标消费群体的需求、偏好和消费习惯。通过数据分析、消费者调研等手段，确定自有品牌的定位、商品品类规划和价格策略。这有助于确保推出的商品符合市场需求和消费者预期。

2. 严格把控商品质量

商品质量是自有品牌的生命线。要与优质供应商建立长期合作关系，共同把控商品的原材料采购、生产过程和成品检测等环节。同时，建立完善的质量管理体系和监控机制，定期对商品进行抽检和评估，确保每一件商品都达到高品质标准。

3. 注重品牌塑造与传播

品牌的塑造与传播是自有品牌成功的关键。要通过线上线下多渠道进行品牌营销和推广，提高品牌的知名度和影响力。在广告创意和内容营销上注重与消费者的情感连接和价值观共鸣，打造独特的品牌形象和个性。

4. 优化供应链管理与物流配送

借助强大的供应链管理能力，实现商品的快速流通和高效配送。优化库存管理、提高物流配送效率等手段可以降低成本并提升消费者购物体验。同时，建立完善的客户服务体系，解决消费者在购买和使用过程中遇到的问题，增强消费者的信任和忠诚度。

5. 持续创新与迭代

市场环境和消费者需求是不断变化的，因此要持续进行商品的创新与迭代。关注行业趋势和新兴技术，及时将最新的设计理念和技术应用到商品研发中。同时，注重消费者反馈和市场需求的变化，不断优化和调整商品策略以满足消费者的期望。

6. 做好人力资源的管理

要打造自有品牌，先要打造人才队伍。首先，招聘和培养一支具备专业素养和市场敏感度的人才队伍来负责自有品牌的研发、营销和运营等工作。其次，建立完善的培训体系和激励机制来提升员工的专业技能和工作积极性。最后，加强团队之间的沟通与协作以确保自有品牌战略的顺利实施。

企业打造自有品牌，是一项深远的战略决策。它有助于提升平台的整体品质和形象，使之在激烈的市场竞争中独树一帜。通过自有品牌的打造，企业能够更深入地理解消费者的需求，提供更符合他们期望的产品和服务，从而建立起深厚的品牌忠诚度。这种与消费者之间的紧密关系，为企业带来了持续的增长动力和稳定的市场份额。

OME模式：格兰仕立志做全球家电制造中心

在全球经济一体化的浪潮中，中国家电巨头格兰仕凭借其整体制造专家（Overall Manufacturing Expertise，OME）模式，正稳步迈向成为全球最大的家电生产制造中心的宏伟目标。这一模式不仅是对传统制造业的深刻变革，更是为家电行业注入了新的活力。

当然，很多人会认为，OME是一种代工方式，指一家企业根据另一家企业的要求和规格，设计和生产产品，然后使用后者的品牌名称进行销售。但是，格兰仕并没有将自身定位于代工厂家，而是创新了"整体制造专家模式"。这也是格兰仕基于其深厚的制造业底蕴和前瞻性的创新思维而运用的一种商业模式。该模式的核心在于通过整合全球资源、优化生产流程、提升产品质量和服务水平，为客户提供一站式的家电制造解决方案。

在OME模式下，格兰仕以市场需求为导向，以客户满意为宗旨，通过技术创新和管理升级，实现生产制造的高效、精益和灵活。

1. 技术升级与自动化

在微波炉生产线上，格兰仕引入了全自动装配机器人，这些机器人能够精准地完成各种复杂装配任务，大大提高了生产效率和产品质量。此外，通过引入先进的物联网技术，格兰仕实现了对生产设备的实时监控和维护，确保了生产线的稳定运行。

2. 全球资源配置

格兰仕在全球范围内寻找优质供应商，与之建立长期稳定的合作关系。通过全球采购，公司能够获取到最优质、最具成本效益的原材料和零部件。为了获取高品质的压缩机，格兰仕与日本的一家知名压缩机生产商建立了战略合作伙伴关系。这种合作确保了格兰仕空调产品的核心部件质量上乘，同时也降低了采购成本。

3. 精益生产管理

格兰仕采用精益生产方法，通过杜绝浪费、持续改进和优化生产流程，降低成本并提高生产效率。公司还实施了严格的质量控制体系，确保每一件产品都符合高品质标准。比如，在电饭煲生产线上，格兰仕通过精益生产方法优化了生产流程，减少了不必要的生产步骤和浪费。

4. 协同创新产业生态圈

格兰仕积极与上下游企业、科研机构以及高校开展合作，共同研发新技术、新产品。通过共享资源、共担风险，构建了一个充满活力的产业生态圈。例如，格兰仕与一家知名芯片设计公司合作，共同研发了一款具有高性能、低能耗的智能家居控制芯片。

5. 重视人才的培养与引进

格兰仕重视人才的培养与引进，建立了完善的培训体系和激励机制。同时，公司还注重内部管理水平的提升，确保企业高效有序运转。比如，为了提升员工的技能和素质，格兰仕与多所高校合作，共同建立了人才培养基地。这些基地不仅为格兰仕输送了大量优秀人才，还为公司提供了持续的技术支持和创新动力。此外，通过引入先进的管理理念和工具，如六西格玛管理、ERP 系统等，格兰仕进一步提升了内部管理水平和运营效率。

格兰仕通过 OME 模式成功实现了从传统家电制造企业向全球家电生产制造中心的转型。这一模式的成功实施离不开技术创新、全球资源配置、精益生产管理、协同创新产业生态圈以及人力资源与管理的有力支撑。

品牌授权：南极人要做贴牌狂魔

在商业世界中，品牌授权已成为一种常见的商业模式，它允许一个品牌将其知名度、声誉和商标等无形资产授权给其他企业使用，以换取一定的经济利益。

品牌授权是指品牌所有者将其品牌的使用权、经营权、管理权等以合同的形式授予被授权者使用，被授权者按合同规定从事经营活动，并向品牌所有者支付相应的费用。这种模式的优点在于，品牌所有者可以通过授权快速扩大市场份额，提升品牌影响力，而被授权者则可以借助知名品牌快速进入市场，降低市场推广难度。

南极人，作为中国知名的保暖内衣品牌，近年来走上了一条不寻常的贴牌之路，成为业内的"贴牌狂魔"。那么，南极人是如何实施有效的贴牌策略的呢？

1. 严格筛选合作伙伴，确保品质与信誉的双重保障

南极人在选择贴牌合作伙伴时，必须秉承严谨的态度和高标准的要求。生产能力、质量管理体系以及市场信誉这三个方面，是南极人考察合作伙伴的核心要素。只有那些具备雄厚生产实力、完善质量管理体系和良好市场信誉的企业，才有可能成为南极人的合作伙伴。这样的选择，不仅是对消费者负责，更是对南极人品牌形象的维护和提升。通过严格筛选，南极人能够确保贴牌产品的品质和口碑达到市场及消费者的期望。

2. 制定统一的标准和要求，实现品牌高度一致性

为了确保贴牌产品与南极人品牌的高度一致性，南极人需要向合作伙伴提供全面而明确的生产标准、质量要求和品牌形象规范。这些标准和要求应贯穿于产品设计的始终，从原材料采购到生产工艺，再到包装物流等各个环节，都应有详细的规定和指导。南极人将与合作伙伴紧密合作，共同确保贴牌产品在品质、外观和用户体验等方面都能达到南极人品牌的高标准。

3. 加强质量控制和监管，守护品质底线

质量控制是南极人贴牌策略中不可或缺的一环。南极人将建立完善的质量控制体系，对贴牌产品进行全方位、多层次的质量检测和把关。同时，南极人还将定期对合作伙伴进行质量审计和评估，确保其生产过程和产品质量始终符合南极人的标准和要求。一旦发现质量问题或隐患，南极人将迅速采取措施，要求合作伙伴进行整改或终止合作，以守护品质底线和消费者权益。

4. 注重品牌形象的维护和提升，塑造良好口碑

品牌形象是南极人最宝贵的资产之一。在实施贴牌策略时，南极人将注重品牌形象的维护和提升。通过加大品牌宣传力度、提高客户服务水平、积极参与社会公益活动等方式，南极人将努力塑造品牌的良好形象和口碑。同时，南极人还将密切关注消费者反馈和市场动态，及时调整策略以满足市场需求和消费者期望。通过不断提升品牌形象和口碑，南极人将赢得更多消费者的信任和喜爱。

5. 完善人力资源配置，为贴牌策略提供人才保障

人力资源是南极人实施贴牌策略的关键要素之一。南极人将配置专业的人才团队来负责合作伙伴的筛选、合同谈判、质量控制等核心工作。这些人才将具备丰富的行业经验和专业知识，能够确保贴牌策略的顺利实施和高效推进。同时，南极人还将注重人才的培训和发展计划，通过提供定期的培训、交流和实践机会，提升其综合素质和业务能力。完善的人力资源配置将为南极人的贴牌策略提供坚实的人才保障。

6. 加强管理体系建设，确保贴牌策略的高效执行

管理体系是南极人实施贴牌策略的重要支撑。南极人将建立完善的管理体系来确保贴牌策略在各个环节得到有效执行和监控。这包括制定详细的合作流程和规范、建立高效的信息沟通机制以及完善的质量控制体系等。通过管理体系的建设和完善，南极人能够确保贴牌策略在实施过程中始终保持高效、有序和可控的状态。这将有助于南极人更好地应对市场挑战和变化，实现贴牌策略的可持续发展。

通过贴牌策略，南极人成功实现了品牌的快速扩张和市场份额的提

升。贴牌产品为公司带来了可观的收益,提高了企业的盈利能力和市场竞争力。同时,贴牌策略还有助于提升南极人品牌的市场知名度和影响力,为公司的长期发展奠定了坚实的基础。

第五章
平台模式：授权有道，分权有序

平台科学有效的授权，能够激发各参与方的积极性与创造力，实现资源的优化配置；有序的分权，则能够确保平台运作的规范与高效，为各方提供稳定、透明的合作环境。二者共同构成了平台高效运转的基石，支撑着平台资源的优化配置和高效利用。

广告投放：今日头条究竟在卖什么

广告投放作为一种常见的商业行为，是现代市场营销策略中的核心组成部分。它涉及将广告内容通过特定的媒介和渠道，以付费的方式展示给目标受众，从而实现宣传品牌、推广产品、促进销售等商业目的。

在这种商业行为中，广告主是需要推广其产品或服务的企业或个人。他们通过制定广告策略、确定目标受众、创作广告内容等步骤，为广告投放做好充分准备。广告代理商或媒体平台则负责提供广告位、媒介资源和投放技术，帮助广告主将广告内容精准地触达目标受众。

今日头条作为一个开放的信息平台，赋予了每个用户展示自我、分享内容的权利。在这里，你的声音有可能被无数人听到，进而吸引他们成为你的忠实粉丝。与之不同，微信等平台则显得更为私密和封闭，它更像是一个需要你主动出击、积极寻找目标受众的舞台。你需要通过各种渠道找到潜在用户，并设法吸引他们的注意力，让他们了解你、关注你。

今日头条的公开性特质，使得其拥有一套独特的信息推荐机制。这套机制能够确保优质内容得以广泛传播，同时也为内容创作者提供了一个公平竞争的环境。虽然我们无法确保通过掌握推荐原理就能迅速积累大量粉丝，但至少可以让我们在内容创作方面少走弯路，逐渐缩小与头条大号的差距。

在这个以内容为王的时代，广告投放已经不再是简单的信息轰炸，而是一个需要精准定位、巧妙策划和持续优化的过程。今日头条的广告投放模式正是基于这样的理念，通过大数据分析、用户画像等手段，实现广告的精准推送和高效转化。接下来，让我们深入探讨一下今日头条的广告投放模式。

1. 按天展示广告（CPD）

CPD 广告，以天为单位的展示成本，确保在特定位置有最低展示量。这种广告形式会在 24 小时内的固定位置——推荐流前四次刷新的第四位进行展示，几乎能覆盖所有当日的头条用户，为品牌带来稳定的曝光。

2. 开屏广告

作为今日头条 App 启动的唯一入口，开屏广告是每天数千万用户的首屏视觉焦点。它凭借大幅画面和数秒的静态或动态展示，为品牌带来震撼的曝光效果，特别适合新品发布、促销活动、周年庆以及重大行业节日等营销场景。

3. 原生信息流广告

原生信息流广告与新闻资讯完美融合，让广告信息在用户阅读新闻时自然触达。这种广告形式包括：

（1）信息流固定位：广告以小图或大图模式在信息流中呈现，与新闻内容相辅相成，提高用户接受度。

（2）固定位保量广告（GD）：提前约定展示量，确保广告在推荐频道的固定位置获得稳定曝光。

（3）竞价广告（CPM/CPC/CPA）：根据实时竞价，广告在信息流中以不固定位置出现。广告主可根据效果付费，灵活调整出价策略以获得更佳展示效果。其中，CPM 按千次展示付费，CPC 按点击付费，CPA 按下载付费。

4. 详情页广告

详情页广告位于资讯全文结尾的下方，以简洁的文字、小图或图片 banner 形式进行展示。用户点击后可直接跳转至广告页面，实现高效的流量转化。这种广告形式适用于各种营销目标，是提升品牌知名度和促进用户互动的有力工具。

通过对今日头条广告投放模式的深入分析，可以看到，一个成功的广告投放不是一次简单的宣传和推广，而是一场数据、策略、团队和管理等多方面因素的综合较量。只有在这些方面都做得出色，才能实现真正的高效广告投放和卓越的商业成果。

一站式购物：京东商城全渠道零售模式

一站式购物商业模式是一种综合性的零售模式，旨在为消费者提供全方位、一站式的购物体验。在这种模式下，商家将多个品类、多个品牌的商品和服务集中到一个统一的平台或实体店铺中，以便消费者能够在一个地方满足多种购物需求，无须跳转或转移到其他平台或店铺。

该模式的核心优势在于其便利性和高效性。对于消费者来说，这种商业模式节省了时间和精力，避免了在不同平台或店铺之间进行比较和选择的麻烦。他们可以在一个平台上浏览和购买多种商品,享受统一的购物体验和服务。对于商家来说,一站式购物模式有助于吸引和留住更多的客户,提高销售额和市场份额。

在实际应用中,一站式购物商业模式可以有多种形式。例如,在线零售平台可以将多个品类的商品集中到一个网站或 App 中,提供统一的购物车和结算服务。实体零售商可以在一个大型商场或购物中心内聚集多个品牌和店铺,提供餐饮、娱乐等配套设施,为消费者打造一站式购物体验。

京东商城作为中国领先的自营式电商企业,以其全渠道零售模式在激烈的市场竞争中脱颖而出。京东商城的全渠道零售模式是一种融合了线上商城、线下实体店、移动应用、社交媒体等多个销售渠道的综合性零售模式。该模式以消费者为中心,为消费者无缝衔接的购物体验,满足消费者在任何时间、任何地点、以任何方式购物的需求。

打个比方,某国际知名家电品牌希望在中国市场提升销售额,选择与京东商城合作,利用其全渠道零售模式进行产品推广。其操作流程如下。

1. 线上推广深化

京东商城不仅为该家电品牌开设了专属旗舰店,还通过其强大的线上平台进行了全面而深入的推广。利用精准营销技术,京东能够准确识别潜在消费者,将品牌产品推送给最可能感兴趣的用户群体。同时,借助大数据分析,京东不断优化产品推荐算法,提升用户购物体验,进一步促进品牌产品的销售。此外,线上旗舰店还定期举办促销活动,吸引更多消费者关注和购买。

2. 线下体验优化

在京东商城的线下实体店中,该家电品牌的产品被精心陈列在显眼位置,方便消费者快速找到并体验产品。店内配备了专业的导购人员,他们不仅具备丰富的产品知识,还能够根据消费者的需求和预算提供个性化的购买建议。通过导购人员的专业服务和产品体验,消费者可以更深入地了解品牌产品的特点和优势,从而增强购买意愿。

3. 移动互动与社交媒体宣传

京东商城的移动应用既为消费者提供了便捷的购物体验,也为该家电品牌的推广提供了有力支持。通过移动应用,消费者可以随时随地参与品牌的促销活动,享受专属优惠。此外,品牌在社交媒体上积极开展宣传,与消费者进行互动。通过发布有趣的内容、回应用户评论和举办社交媒体活动等方式,品牌吸引了大量用户关注和参与,进一步提升了品牌知名度和美誉度。

4. 效果评估与持续改进

经过一段时间的合作推广,该家电品牌在京东商城的销售业绩取得了显著提升。线上旗舰店的访问量和转化率均实现了大幅增长,线下实体店的客流量和销售额也有明显提升。这些成果不仅证明了推广策略的有效性,也为品牌未来的发展奠定了坚实基础。同时,品牌还通过收集用户反馈和数据分析等方式,持续改进产品和服务质量,以满足消费者不断变化的需求和期望。

上述各渠道应相互补充、协同作战,共同为消费者打造一种流畅、无缝的购物体验。在全渠道零售的大背景下,物流配送与售后服务的质量尤为关键，它是连接商品与消费者的桥梁，直接关乎消费者对整个购物过程的满意度。京东的物流配送体系以其高效和准确而著称。通过先进的物流技术、广泛的配送网络和严格的配送标准，京东能够确保商品从仓库到消费者手中的每一个环节都经过精心设计和优化。这不仅保证了商品的快速送达，还大大降低了物流过程中的错误率，为消费者提供了极致的购物体验。

在售后服务方面，京东同样表现出色。无论是退换货、维修还是咨询，京东都能提供及时、专业的服务。通过完善的售后服务流程和专业的客服团队，京东能够迅速响应消费者的需求，解决他们在购物过程中遇到的问题。这种贴心、周到的服务不仅增强了消费者对京东的信任和忠诚度，也为京东赢得了良好的口碑。

佣金抽成：抖音平台的抽成机制

佣金抽成商业模式是一种广泛应用于各类平台的商业模式，特别是在线上交易和服务平台中。其核心原理是，平台为交易双方或多方提供撮合、展示、支付、物流等服务，并在交易完成后，按照一定比例从交易额中抽取佣金作为平台的收入。

这种商业模式有三个重要构成要素：

一是平台角色：提供一个集中的场所（线上或线下），使买家和卖家能够相互找到并进行交易。

二是服务内容：平台为交易双方提供一系列服务，如信息发布、交易撮合、支付结算、物流配送、售后支持等。

三是佣金抽成：在交易成功后，平台按照一定的比例或固定金额从交易额中抽取佣金。这个比例或金额通常在平台规则中明确规定，并在交易前告知交易双方。

该模式的运行流程如下。

1. 商家入驻

商家在平台上注册账号，提交相关资质证明，并签署合作协议，约定佣金抽成比例等条款。

2. 商品或服务

展示商家在平台上发布商品或服务信息，包括价格、描述、图片等，供消费者浏览和选择。

3. 交易撮合

消费者在平台上选择自己心仪的商品或服务，并与商家进行沟通协商，达成交易意向。

4. 支付结算

消费者通过平台提供的支付方式完成支付，平台将款项暂存，待交易完成后再结算给商家。

5. 佣金抽成

在交易成功后，平台按照约定的比例从交易额中抽取佣金，并将剩余款项结算给商家。

6. 物流配送与售后支持

根据商品或服务的性质，平台可能还需要提供物流配送和售后支持等服务。

佣金抽成商业模式广泛应用于电商、外卖、出行、酒店预订、在线教育等领域。随着互联网的迅猛发展，短视频平台逐渐成为商业活动的新舞台。抖音作为其中的佼佼者，不仅为用户提供了展示自我和娱乐的平台，也为商家创造了一个全新的营销渠道。

现在，我们来了解一下抖音平台的佣金抽成机制。抖音平台的佣金抽成机制，简单来说，就是平台从商家通过抖音平台实现的销售额中抽取一定比例作为自己的收入。佣金抽成比例会根据不同行业、商品类型以及商家的合作方式而有所不同。一般而言，佣金抽成比例会在合作前与商家进行明确约定，并在合作过程中根据实际情况进行调整。此外，抖音平台还会通过一系列算法和规则，对商家的内容进行推荐和展示，从而帮助商家吸引更多的流量和潜在客户。

比如，某知名服装品牌为了拓展线上市场，决定在抖音平台上开设官方店铺。在与抖音平台进行合作谈判时，双方就佣金抽成比例达成了协议。抖音平台承诺通过其强大的流量优势和推荐算法，帮助该品牌吸引更多目标消费者。

具体的实施策略有以下几个。

抖音平台先是为该服装品牌定制了专属的推广计划，包括短视频广告、直播销售等多种形式。该品牌也积极配合，提供了丰富的商品信息和优惠活动，以吸引用户购买。在销售过程中，抖音平台根据事先约定的佣金抽成比例，从每笔交易中抽取一定比例的佣金。如果通过抖音平台的推荐和展示，该品牌成功吸引了大量年轻用户群体，并实现了销售转化，那抖音平台便可获得可观的收入。

　　接下来，进行总结或策略调整。明确的佣金抽成比例有助于商家和平台之间建立稳定的合作关系。抖音平台的推荐算法和流量优势对于商家来说具有巨大吸引力。双方需要保持密切沟通，根据市场变化及时调整合作策略。

　　不得不说，人力资源管理在抖音平台佣金抽成机制中发挥着重要作用。对于平台来说，拥有一支懂市场、懂技术、懂运营的专业团队至关重要。为了激发团队成员的积极性和创造力，平台需要制定合理的绩效管理和激励机制。通过对员工的工作表现进行客观评价，给予其相应的奖励和晋升机会，可以激发员工的归属感和忠诚度，提升团队的整体执行力。

　　抖音平台的佣金抽成机制作为一种有效的商业模式，既保证了平台的盈利能力，又激发了商家的积极性。通过合理设定佣金抽成比例、优化商品和服务、加强数据分析和市场洞察以及建立长期合作关系等方法的有效实施，商家和平台可以实现互利共赢的局面。

在线援助：某法律平台的一站式服务

　　中国法院官方公布的数据显示，近年来诉讼案件数量持续攀升，法律服务市场呈现出巨大的规模。然而，令人惊讶的是，虽然法院受理的案件数量庞大，但仅有约20%的当事人选择聘请律师参与诉讼。

　　为什么？一是法律服务专业性强，咨询、诉讼服务费用高，对于企业或个人来说难以承担；二是因为无法监督，无法追踪，服务质量无法保证。

以法律咨询服务费为例，为什么要说它高呢？说到底是因为沟通成本。试想，通常律师只能一对一服务当事人，而当事人与律师之间的时间、地域等因素通常是不匹配的。再者，如果律师提供免费咨询服务，那会出现一个什么问题：每天要花很多时间与人沟通，一个月下来，却发现根本接不了几个案子，这种免费的代价太大。免费不行，那就收费吧！如果按时间收费，当事人会觉得只是咨询一些问题就要收费，这钱赚得也太容易了，再者，谁知你有没有夸大其词。所以，只要你收取法律咨询服务费，客户一会定会觉得费用高，觉得钱没有花到刀刃上。

正是诸如此类的市场痛点导致了互联网法律服务平台开始"走红"，它们对传统的法律服务进行改造，解决用户与律师之间存在的信息不对称、业务不对称的问题，提供低门槛、即时、价格可接受的法律服务。

但是，这些互联网法律服务平台普遍存在一个问题，就是难以盈利，而且随着竞争的加剧，很难抢到一些好的案源。

例如，现在有很多做 C 端法律服务的平台。它们通过提供免费的法律咨询服务来获取案源信息，然后再转介绍给一些律师，从中赚取佣金。为了争夺流量，这些平台会拼命烧钱，即便平台的流量上来了，案源转化为订单的比例还是很低，可谓叫好不叫座。即使有的用户会选择付费咨询，或是诉讼，也多是一锤子买卖。毕竟，你也不指望人家天天打官司吧？总之，这些法律服务平台最大的痛点就是：付费转化难。

传统的一对一咨询服务，获客成本高，效率低，而刚兴起的法律服务平台，又存在付费转化难等问题。那有没有一种模式可以很好地解决这些问题呢？当然有，这就是可以在线偷听的平台模式。

这种模式的核心在于"在线偷听"。怎样理解呢？举个例子。

你正在打一个官司，现在找了一个知名的律师就某些问题进行咨询，律师提供了专业的解答，你全程录音。在征得了律师的同意后，你将你们的对话内容上传至某平台，或者授权某平台公开相关的咨询内容。这样，当有人登录这个平台，通过搜寻关键词，便可以找到这段内容。如果他要咨询的问题与这段内容高度契合，或属同一类问题，那可以给他带来一些参考，并可能帮他省去请律师的费用。这就是所谓的"偷听"。

当然了，如果当事人或律师不愿意公开咨询内容，或是出于保护隐私不便公开，则不可以分享到平台。在尊重个人隐私的前提下，为了鼓励他们公开相关咨询内容，最好给予一定的回报，如按内容的点击率给予报酬，对于律师，平台可优先向其推荐类似的案源。

这种模式对于在线咨询者来说，有三个优点：一是节省时间；二是可获得精准的服务；三是费用很低。

具体来说，这种模式有以下几种盈利方式。

1. 会员收入

在打造好互联网+法律的平台后，用户通过注册，并一次性缴纳一定的费用成为月度会员、季度会员，或是年度会员，也可以成为长期会员。成为会员后，可以在平台免费搜索、使用各类资源，或者可以得到一定次数或是时长的免费在线法律咨询服务，或是通过平台对接专业律师时，可获得费用方面的优惠。

2. 付费听

非平台注册会员，也可以搜索平台的资源，但只能试听一定的时长，或是每段语音的前十几秒或是几十秒，如需听完整的内容，则需要根据时长或是内容类别支付相应的费用。

3. 按咨询费用收取佣金

当事人与律师可以通过平台实现语音或是视频对话，对话可以分免费模式与收费模式。在使用收费模式时，当事人要在线支付一定的费用，比如说，一分钟5元，要咨询10分钟，就先支付50元到平台，咨询结束，平台扣除相应佣金后，将余款打给律师。

4. 广告收入

这里的广告，主要指与司法、法律服务相关的广告。因为平台是不分地域的，它面向的是全国，同时，又因为来平台咨询的以小案子为主，很多时候它们无法转化成律师费，那怎么办？律师可以不赚律师费，而去赚流量带来的广告费，即律师把自己的案例分享出去，按点击率，或是一定的比例收取平台赚的广告收入。

5. 成案后收钱

如果当事人通过平台请了某律师，成案例后，平台按一定的比例收取佣金。这一方面会鼓励平台为优秀的律师推荐优质的案源，另一方面也会增加律师对平台的信赖与忠实度。

6. 买卖法律服务产品

平台可以直接卖法律服务产品，比如律师函、企业法律顾问、遗嘱、租赁合同，等等。

在生活中，对找律师这件事，很多当事人欠缺专业法律知识，且对律师行业不甚了解，只能盲目被动地通过律师事务所的名气或他人介绍来匹配律师，对所匹配律师的资质、知识、经验、资源、服务等关键要素，知之甚少。

可在线"偷听"的平台模式，通过互联网、大数据及智能算法等，真实客观地定位每一个律师所擅长的领域、资质经验，并给出其一些精彩的语音讲解，以及有关服务态度、用户评价等信息，从而精准地向用户推荐合适的律师。除此之外，通过"偷听"可以破除法律行业的强专业壁垒和信息不对称，为用户提供方便快捷的一站式法律服务。

知识服务：喜马拉雅的赚钱新"声"

知识服务商业模式是一种以提供知识、技能、经验等为主要服务内容，通过互联网、移动应用等渠道进行传播和交付，实现商业价值的模式。常见的知识服务模式有在线教育模式、知识分享社区模式、企业知识服务模式等。

无论哪种模式，知识服务提供商都需要关注用户需求、提升服务质量、加强营销推广等方面的工作，以实现商业成功。同时，他们也需要关注法律法规和道德规范，确保自己的业务合法合规。

喜马拉雅作为知识服务领域的佼佼者，凭借其独特的商业模式和创新的运营策略，成功吸引了大量用户，实现了商业价值的转化。下面，我们简要介绍一下其知识服务模式。

喜马拉雅的知识服务模式可以概括为"音频+知识付费"。通过打造一个音频分享平台,喜马拉雅汇聚了众多优质的知识内容,涵盖了有声书、课程、娱乐、博客等各个领域。用户可以根据自己的需求,选择感兴趣的内容付费收听。这一模式既满足了用户对于知识的渴求,又为内容创作者提供了一个展示和变现的平台。

其基本的运作流程如下。

1. 内容生产

喜马拉雅平台上的内容主要来源于两部分,一是与出版社、教育机构等合作引入的专业内容,二是平台自身孵化的原创内容。这些内容经过专业团队的精心制作和编辑,形成了高质量的音频产品。

2. 用户获取

喜马拉雅通过线上线下多渠道推广,吸引潜在用户。线上渠道包括社交媒体广告、搜索引擎优化等;线下渠道则包括地铁广告、合作活动等。此外,喜马拉雅还通过免费试听、限时优惠等方式降低用户的使用门槛,提高用户的留存率。

3. 付费转化

用户在平台上试听或浏览内容后,可以选择是否付费购买。喜马拉雅提供了多种付费方式,如单次购买、会员订阅等,以满足不同用户的需求。同时,平台还会根据用户的收听习惯和喜好,推荐相关内容,提高用户的付费意愿。

4. 服务与反馈

喜马拉雅重视用户体验，提供了客服支持、用户反馈等服务。用户在使用过程中遇到问题或建议，可以通过这些渠道及时得到解决和回应。这种互动式的服务机制有助于提升用户的满意度和忠诚度。

比如，喜马拉雅平台上有不少比较热门的付费课程。这些课程选取了经典文学作品作为内容基础，通过专业讲师的解读和分析，帮助用户深入理解作品内涵。课程采用了音频+文稿的形式，方便用户在不同场景下学习。同时，课程还设置了互动环节，如学员讨论区、作业提交等，以增强用户的学习体验。

在运营策略上，这些课程常采用限时优惠、试听体验、学员口碑传播等方式吸引用户。首先，通过限时优惠活动降低用户的购买门槛；其次，提供免费试听课程让用户了解课程质量和讲师风格；最后，利用学员的好评和推荐来扩大课程的影响力。这些策略的有效实施，使得这些课程在短时间内获得了大量用户的关注和购买。

在喜马拉雅的知识服务模式中，人力资源和管理发挥着重要作用。毕竟，优秀的内容创作者和讲师是平台的核心资源。为此，喜马拉雅不断挖掘和培养具有专业素养和表达能力的内容创作者，以提供高质量的音频产品。同时，平台还需要建立一套完善的激励机制，以吸引和留住这些优秀人才。除此之外，喜马拉雅还建立了一支懂市场、懂技术、懂运营的管理团队来制定和执行商业策略。管理团队需要密切关注市场动态和用户反馈，及时调整和优化平台运营策略。

总之，知识付费商业模式以提供有价值的知识服务为核心，通过突破传统广告模式、采用创新的定价和营销推广策略，实现了与用户的紧密互动和精准服务。这种模式不仅提升了知识生产者的收益和用户满意度，还促进了知识的创新、共享和发展，为知识服务行业注入了新的活力。

内容社交：小红书通过用户生成的内容赚钱

内容社交商业模式是一种将内容创作与社交互动相结合的商业模式。在这种模式下，企业或个人通过创作高质量的内容来吸引和留住用户，并通过社交互动来增强用户参与度和黏性，从而实现商业变现。

内容社交商业模式的核心在于内容创作和社交互动。内容创作是指企业或个人提供有价值、有趣、有吸引力的内容，如文章、视频、图片等，以满足用户的需求和兴趣。这些内容可以是娱乐性的、知识性的或实用性的，旨在吸引用户的注意力。

在内容社交商业模式中，商业变现的方式多种多样。企业或个人可以通过广告、付费内容、会员制、电商等方式实现盈利。例如，企业可以在内容中嵌入广告或推广信息，通过用户点击或购买来实现收益；个人创作者可以提供付费内容或会员服务，让用户享受更多优质内容和服务；同时，企业或个人还可以将内容与电商相结合，通过内容引导用户购买商品或服务。

小红书，作为内容社交领域的佼佼者，凭借其独特的商业模式和创新的运营策略，成功吸引了大量用户，并通过用户生成的内容实现了商业变现。其商业模式可以概括为"内容社交+电商"。平台以用户生成的高质量内容为基础，构建了一个分享、发现和购买的美好生活社区。用户可以在小红书上浏览各种生活方式、消费经验、产品评价等内容，同时也可以分享自己的心得和体验。这种内容社交模式不仅满足了用户对于信息获取和社交互动的需求，也为商家提供了一个展示产品和品牌形象的平台。

小红书内容社交的商业模式的运作流程大体为以下几个。

1. 内容生产

小红书平台上的内容主要来源于用户生成。用户可以通过发布笔记、视频、直播等形式分享自己的生活方式、消费心得和产品体验。为了激励用户生产高质量内容，小红书推出了内容创作者计划，为优秀的内容创作者提供流量扶持、现金奖励等激励措施。

2. 内容分发

小红书通过算法和个性化推荐技术，将用户生成的内容精准地推送给感兴趣的用户。这种分发方式不仅提高了内容的曝光率和用户的参与度，也为商家提供了更精准的营销渠道。

3. 电商变现

小红书在内容社交的基础上，引入了电商功能，实现了商业变现。用户在浏览内容的过程中，可以直接点击购买链接或跳转至电商平台进行购物。这种"内容+电商"的模式缩短了用户从获取信息到产生购买行为的路径，提高了购物转化率。

4. 社区运营

为了维护良好的社区氛围和用户体验，小红书采取了一系列社区运营措施。例如，建立严格的内容审核机制，打击虚假信息和恶意营销行为；设立用户反馈渠道，及时解决用户在使用过程中遇到的问题；举办线上线下活动，增强用户之间的互动和归属感。

其中，小红书的意见领袖（Key Opinion Leader，KOL）营销策略是其成功的内容社交模式的重要组成部分。通过与具有影响力和专业度的KOL合作，小红书能够将品牌和产品信息更精准地传递给目标用户群体，提高营销效果。

以某知名化妆品品牌为例，该品牌在小红书上开展了一系列KOL营销活动。首先，品牌方选择与产品定位和品牌形象相匹配的KOL进行合作，确保信息传达的准确性和有效性。其次，通过KOL发布关于产品的使用心得、化妆教程等高质量内容，吸引用户的关注和互动。再次，利用小红书的算法推荐机制，将这些内容推送给更多潜在用户。最后，通过在内容中嵌入购买链接或优惠信息，引导用户进行购买行为。

这种KOL营销策略不仅提高了品牌知名度和用户黏性，还带动了产品销量的增长。同时，KOL也通过合作获得了更多的曝光机会和收益来源，实现了双赢的局面。

当然，在小红书的内容社交商业模式中，优秀的内容创作者和KOL是平台的核心资源。为此，小红书不断挖掘和培养具有专业素养和创作能力的内容创作者，以提供高质量的内容。同时，平台还建立了一套完善的激励机制，以吸引和留住这些优秀人才。通过与KOL建立长期合作关系，小红书可以确保稳定的内容输出和品牌形象传播。

内容社交商业模式之所以备受瞩目，正是因为它能够以低成本、高效率的方式捕获并转化目标用户。通过精心打造有价值的内容与服务，企业得以建立起与用户的深厚信任和紧密连接，从而为商业变现奠定坚实的基础。

多边平台商业模式：Facebook满足不同用户群体需求

多边平台商业模式是一种基于平台经济的商业模式，它通过连接多个不同的用户群体，并促进他们之间的互动和交易来创造价值。在这种模式下，平台不是一个简单的中介或市场，而是通过提供一系列的服务和功能，如信息匹配、交易撮合、支付结算等，来降低交易成本、提高交易效率，并吸引更多的用户参与。

多边平台商业模式的核心在于其能够同时满足多个不同用户群体的需求，并促进他们之间互补和协同。这些用户群体既可以是消费者、生产者，也可以是广告主、开发者等，他们通过平台相互连接，形成一个复杂的生态系统。

Facebook作为社交媒体巨头，其多边平台商业模式堪称典范，通过连接用户、广告商、开发者等多个群体，实现了多元化布局和持续增长。

在Facebook的多边平台商业模式中，最典型的案例莫过于其广告业务的成功。Facebook的广告业务从最初的简单文本广告发展到现在的多媒体、互动式广告，为广告商提供了强大的营销工具。通过精准的目标受众定位和高效的投放策略，Facebook帮助广告商实现了品牌知名度提升、销售增长等目标。

例如，某知名时尚品牌通过在 Facebook 上投放一系列针对特定用户群体的广告活动，成功提升了其新产品的知名度。这些广告活动结合了精美的图片、吸引人的视频和互动式的广告格式，吸引了大量用户的关注和参与。通过 Facebook 的广告管理工具，该品牌能够实时监控广告效果，并根据数据反馈调整投放策略，实现了营销效果的最大化。

其商业模式的基本运作流程如下。

1. 用户连接

Facebook 首先通过提供免费的社交媒体服务吸引大量用户。用户可以在平台上创建个人主页、发布状态更新、分享照片和视频，以及与朋友和家人保持联系。这种社交互动是 Facebook 平台的核心价值所在。

2. 数据收集与分析

随着用户在平台上的活动增加，Facebook 收集了大量关于用户兴趣、行为和社交关系的数据。通过先进的算法对这些数据进行分析，以洞察用户需求和偏好，为广告商提供精准的目标受众定位。

3. 广告商连接

Facebook 为广告商提供了一个强大的广告平台，允许他们根据用户的兴趣、地理位置、年龄和其他因素投放广告。广告商可以通过 Facebook 的广告管理工具创建、发布和监控广告活动，实现营销目标。

4. 开发者连接

Facebook 开放了其应用程序接口（API）和开发者工具，鼓励第三方开发者在平台上创建应用程序。这些应用程序既为用户提供了更丰富的功能和体验，也为开发者提供了商业化的机会。

5. 多元化服务拓展

除了核心的社交媒体服务外,Facebook 还通过收购和内部开发拓展了一系列多元化服务。例如,收购 WhatsApp 和 Messenger 巩固了其在即时通信领域的地位;开发 Instagram 吸引了更多年轻用户;而投资虚拟现实(VR)和增强现实(AR)技术则为其打开了新的增长领域。

6. 人力资源管理与优化

在多元化布局的过程中,Facebook 注重人力资源的管理和优化。通过招聘具有不同背景和专业技能的员工,构建了一支多元化的团队。同时,Facebook 还提供了丰富的培训和发展机会,激励员工不断创新和成长。

7. 持续监控与调整

在多元化布局的过程中,需要持续监控各项业务的发展情况,并根据市场变化和用户需求进行调整。通过数据分析和用户反馈等方式获取业务洞察,及时优化战略和执行计划。

在 Facebook 的多边平台商业模式中,用户、广告主和开发者是相互依存、相互促进的关系。用户数量的增加和活跃度的提升吸引了更多的广告主和开发者参与;而广告主和开发者的参与又为用户提供了更丰富的内容和服务选择,进一步增强了平台的吸引力和竞争力。

多边平台商业模式成功的关键在于平台能够同时满足多个不同用户群体的需求,并促进他们之间互补和协同。这需要平台具备强大的技术实力、数据分析能力和运营能力,以不断优化用户体验、提升交易效率和降低交易成本。同时,平台还需要建立良好的生态系统和合作伙伴关系,以吸引更多的用户参与和推动平台的持续发展。

第六章
"电商+直播"模式：转变员工角色，实现人才"客户化"

电商与直播的深度融合，正悄然改变着企业的员工角色。在这一情境下，员工不再仅仅是企业的内部成员，更是面向客户的直接服务者——让人才"客户化"，以客户需求为导向去服务员工，企业才能获得更大的价值。

引流模式：小包子店的新商业思维

引流模式，顾名思义，就是通过一系列的策略和手段，将目标客户群体引导至自己的店铺或线上平台，从而增加曝光率、提升销售量。该模式的核心在于精准定位目标客户群体，并通过各种手段将其转化为实际购买者。

引流商业模式的基本流程如下。

首先，确定目标客户。企业需要明确自己的目标客户群体，了解他们的需求、偏好和消费习惯。

其次，制定引流策略。根据目标客户的特征，企业需要制定具体的引流策略，如社交媒体营销、内容营销、搜索引擎优化等。

再次，实施引流计划。企业需要将引流策略转化为具体的行动计划，并分配资源进行实施。

最后，监测与调整。企业需要定期监测引流效果，并根据实际情况进行调整和优化。

下面，以一家虚构的名为"包香园"包子店为例，来阐述如何运用引流商业模式来实现持续盈利。其运用的引流策略如下。

1. 目标客户定位

"包香园"精准地将目标客户锁定为周边的上班族与学生群体。对于忙碌的上班族，店铺提供方便携带、口味多样的包子，满足他们快速且美味的早餐需求。对于学生群体，则推出营养丰富、价格亲民的包子套餐，确保他们在紧张的学习生活中也能享受到健康美味的食物。通过深入了解这两大群体的需求和习惯，"包香园"成功打造了符合他们口味的包子产品。

2. 产品差异化

在激烈的市场竞争中，"包香园"注重产品的差异化创新。除了提供传统的肉馅包、菜馅包等经典口味外，还针对现代人对健康饮食的关注，推出了低糖、低脂的健康包子系列。此外，店铺还紧跟时令变化，推出具有季节特色的包子馅料，如春季的鲜笋包、秋季的南瓜包等，让消费者在每个季节都能品尝到新鲜的美味。这种差异化策略不仅提升了产品的吸引力，也增强了品牌在市场上的竞争力。

3. 服务优化

"包香园"深知优质的服务对于提升客户体验的重要性。因此，店铺提供线上预订、外卖配送等便捷服务，满足现代消费者对于高效、便捷的需求。同时，店内环境整洁舒适，提供堂食服务，让消费者在品尝美味的同时也能享受到愉悦的用餐环境。员工经过专业培训，以热情周到的态度为每一位顾客提供优质的服务，使"包香园"成为消费者心中的美食胜地。

4. 营销活动

在社交媒体盛行的时代，"包香园"充分利用这一平台进行品牌推广和营销活动。通过鼓励顾客在社交媒体上分享用餐体验、晒出美食照片等方式，激发消费者的口碑传播效应。同时，与网红、KOL合作进行推广，借助他们的影响力扩大品牌的知名度。此外，"包香园"还定期在社交媒体上发布优惠券、折扣信息等福利活动，吸引更多潜在客户的关注和光顾。会员制度的推出更是增强了客户的忠诚度和黏性，让消费者在享受美食的同时也能感受到品牌的关怀和回馈。

在当今的互联网时代，引流模式是一种有效的商业思维，它可以帮助像包子店这样的企业在激烈的市场竞争中吸引更多潜在客户，并实现销售和盈利增长。未来随着技术的不断发展和消费者行为的变化，引流商业模式也将不断创新和演变。企业需要保持敏锐的市场洞察力，及时调整和优化引流策略，以适应市场变化。

宠粉模式：小米用参与感征服用户

宠粉模式，就是将用户视为品牌的"粉丝"，并通过一系列精心设计的活动和策略，来"宠爱"这些粉丝，从而增强他们对品牌的认同感和忠诚度。

宠粉的最终目标是建立与粉丝之间的深厚情感联系，并培养他们的品牌忠诚度。通过提供优质的服务、满足个性化的需求、鼓励粉丝参与和共创等方式，企业可以与粉丝建立起一种超越交易的亲密关系。这种关系不仅能够带来持续的销售额和利润增长，还能帮助品牌树立良好的口碑和形象。

小米作为一家年轻的科技公司，凭借其独特的"宠粉模式"，成功地将用户转化为品牌的忠实拥趸。小米的宠粉模式主要体现在以下几个方面：倾听用户声音、增强用户参与感、制定激励政策、构筑用户社区等。

1. 倾听用户声音，构筑沟通桥梁

在现代商业环境中，用户的声音是企业的宝贵资产。企业应建立起一套高效的用户反馈机制，包括线上论坛、调查问卷、用户座谈会等多样化渠道，确保用户的声音能够被及时、准确地收集与分析。

比如，在 MIUI 系统的开发过程中，小米一直将用户反馈作为优化的重要参考。通过不断收集用户在论坛上的发帖、评论和建议，小米团队得以深入了解用户的需求和痛点，从而有针对性地进行系统优化和功能升级。这不仅提升了用户的满意度，也增强了小米品牌与用户的互动与联系。

2. 增强用户参与感，打造品牌共同体

用户参与是现代营销的重要策略之一。企业应创造更多机会，让用户参与到产品设计、开发、推广等各个环节中，让他们成为品牌发展的重要参与者。

小米不仅邀请用户参与 MIUI 系统的内测和公测，还积极举办开发者大会、社区活动等，为用户与开发者搭建起一个面对面的交流平台。这种深度参与不仅增强了用户的归属感和自豪感，也为小米品牌带来了更多创新和灵感。

3. 制定激励政策，提升用户忠诚度

企业要想长久发展，必须懂得如何激励和留住用户。因此，制定合理

的用户激励政策至关重要。小米在这一点上做得相当出色。为了感谢用户参与内测和公测,小米提供了丰富的奖励和福利,如新品免费赠送、积分兑换礼品等。这些实实在在的优惠不仅激发了用户参与测试的积极性,也增强了他们对小米品牌的信任和忠诚度。

4. 构筑用户社区,深化品牌互动

为了进一步增强用户与品牌之间的联系,企业应着力打造一个充满活力和吸引力的用户社区。这个社区可以是线上论坛、社交媒体群组或其他形式的互动平台,旨在为用户提供一个分享经验、交流想法、解决问题的空间。

小米在MIUI系统周围建立了一个繁荣的线上社区,这个社区不仅吸引了大量用户积极参与,还成为品牌与用户之间沟通的桥梁。在这里,用户们可以自由地分享使用心得、探讨技术问题、参与热门话题讨论,共同为MIUI系统的完善和发展贡献力量。

小米对社区的建设和管理投入了大量精力,确保社区的健康发展。通过设立专门的管理团队、制定严格的社区规则、举办丰富多彩的社区活动,小米成功地营造了一个积极、友善、富有创造力的社区氛围。

通过运用宠粉模式,小米成功地征服了无数用户的心。用户们不仅对产品产生了深厚的情感联系,还乐于向亲朋好友推荐小米的产品。这种口碑传播为小米带来了更多的新用户,形成了良性循环。同时,由于用户的积极参与和反馈,小米的产品也得以快速迭代和优化,更好地满足市场需求。

小米的这个商业案例为我们提供了一个宝贵的启示:在当今这个以用户为中心的时代,企业的成功不仅取决于产品或服务的质量,更取决于能

否与用户建立紧密的情感联系。通过倾听用户的声音、增强用户参与感、打造用户社区等方式,企业可以成功地运用参与感策略,征服用户的心。

社交电商:拼多多以社交分享的方式实现会员裂变

社交电商商业模式是指通过社交媒体平台来实现商品销售和推广的一种商业模式。它将社交与电商相结合,利用社交媒体平台的用户黏性、传播效应和精准定位等特点,为电商提供新的销售渠道和营销方式。

社交电商商业模式的优势主要体现在以下几个方面:

1. 流量获取优势

传统电商的流量获取大多来自搜索和广告,而社交电商则可以利用社交平台的用户黏性,通过社交分享、内容营销等方式低成本地获取流量。这种流量获取方式更为精准和有效,因为基于社交关系的传播更容易获得用户的信任和认同。

2. 用户黏性优势

社交平台上的用户通常具有较高的活跃度和黏性,这为社交电商提供了良好的用户基础。通过社交互动,电商可以更容易地与用户建立联系,了解他们的需求和喜好,从而提供更为个性化的商品和服务。

3. 裂变式传播优势

社交电商的购物信息可以沿着社交关系链进行裂变式传播,这种传播方式速度快、覆盖面广,而且成本较低。通过用户的分享、转发等行为,电商可以实现商品的快速推广和销售。

4. 精准营销优势

社交平台上的用户数据丰富，电商可以通过数据分析精准地了解用户的购物习惯、兴趣爱好等信息，从而进行更为精准的营销和推广。这种精准营销可以提高转化率，降低营销成本。

5. 低成本高效率优势

社交电商无须像传统电商那样进行大量的广告投放和线下推广，而是可以利用社交平台的自有流量进行低成本高效率的销售。同时，社交电商的运营模式也更为灵活，可以快速调整策略以适应市场变化。

6. 品牌建设优势

通过社交互动和内容营销，社交电商可以更容易地与用户建立情感联系，提升品牌形象和认知度。这种品牌建设方式更为自然和真实，更容易获得用户的认同和信任。

因为社交电商具有一定的社交属性，且表现出上述六大优势，故其可以快速吸引用户参与，并通过低价策略提高转化率。

比如，国产知名电商拼多多，通过聚集两人及以上的用户，以社交分享的方式进行组团，用户组团成功后可以享受更大的优惠，从而刺激用户主动分享和传播，实现裂变式增长。其通过社交分享实现会员裂变的主要步骤如下。

首先，设立优惠或奖励机制。拼多多平台会提供一些优惠商品或奖励，鼓励用户参与拼团或分享活动。这些优惠或奖励可以吸引用户的注意力，提高他们参与活动的积极性。

其次，用户发起拼团。用户在拼多多平台上选择自己感兴趣的商品，并发起拼团活动。为了成功拼团，用户需要将拼团信息分享给自己的社交好友，邀请他们一起参团。

再次，社交分享。用户通过微信、QQ等社交媒体平台将拼团信息分享给好友。分享的内容通常包括商品信息、拼团链接和邀请语等。好友在看到分享信息后，如果感兴趣，可以点击链接进入拼多多平台参与拼团。

然后，好友参团与再次分享。好友在参与拼团后，也可以将拼团信息分享给自己的社交好友，邀请更多人参团。这样，拼团信息就在社交网络中不断传播，吸引更多用户参与。

最后，拼团成功与会员裂变。当拼团人数达到要求时，拼团成功。所有参团用户都可以享受到以优惠价格购买商品。同时，通过拼团活动，拼多多平台也实现了会员的裂变增长。因为每个参与拼团的用户都需要注册成为拼多多会员，而他们的社交好友在参与拼团过程中也可能注册成为新会员。

拼多多还通过其他方式促进社交分享和会员裂变，如砍价活动、助力免单等。这些活动都需要用户邀请好友参与，通过社交分享实现信息的快速传播和用户的快速增长。

除了拼多多，还有一些社交分享电商模式，比如微信生态下的一些社交电商，其通过用户分享，利用微信等社交媒体平台的社交关系链进行商品传播和销售。这种模式通常利用微信的熟人关系链进行传播，通过分享、点赞、评论等方式提高商品曝光率和用户信任度，从而实现销售转化。

这些社交电商的共同点，都是利用了社交媒体平台的社交属性和用户黏性，鼓励会员分享商品链接并邀请更多人加入会员，从而实现裂变式增长，最终实现商品的销售和推广。

直播电商："三只羊"商业版图的扩张

直播电商是一种新兴的电子商务模式，它将直播与电商相结合，通过直播形式向消费者展示商品，并在直播过程中进行商品销售和营销。与传统电商相比，直播电商具有更强的互动性和专业性，同时能够提供更加丰富、直接、实时的购物体验。

直播电商在商品推广方面具有独特的优势。主播通常具有一定的粉丝基础和影响力，他们的推荐和介绍能够迅速吸引大量潜在消费者。而且，直播电商还可以通过与知名网红或行业专家合作，借助其影响力和粉丝基础来扩大商品的曝光度和销售量。这种合作模式不仅能够提升品牌形象，还能够快速打开市场。

小杨哥，本名张庆杨，是一位在抖音平台上知名的网络红人。他以搞笑视频内容为主，凭借幽默诙谐的风格和创意十足的内容吸引了大量粉丝。小杨哥与哥哥大杨哥（张开杨）一起，组成了网络上的搞笑兄弟组合，两人经常一起拍摄视频，内容多为家庭生活、兄弟情谊以及搞笑整蛊等。

除了搞笑视频，小杨哥还积极尝试其他领域，如直播电商。他们通过直播向粉丝推荐各种商品，实现了从内容创作者到电商达人的转变。

此外，小杨哥还成立了自己的公司——三只羊网络科技有限公司，致力于培养更多优秀的主播，并打造更加完善的电商产业链。他们的成功不仅为自己带来了名利，也为许多想要进入电商领域的人提供了宝贵的经验和启示。

那"三只羊"是如何在直播电商领域一步步扩大自己商业版图的呢？

1. 确定核心战略："短视频+直播电商"

短视频内容创作：在短视频平台上，小杨哥等人创作搞笑、生活化的内容，吸引并积累了大量粉丝。这些内容不仅为品牌带来了曝光度，更为后续的直播电商活动预热。

直播电商转化：在积累了足够的粉丝基础后，通过直播形式进行商品展示和销售。利用短视频平台的高流量，将观众转化为消费者。

2. 做好商品与供应链管理

商品筛选：三只羊网络科技注重商品的质量和性价比，团队会根据市场需求、用户反馈等因素筛选商品，确保所售商品符合消费者需求。

供应链管理：与优质供应商建立长期合作关系，确保商品的稳定供应。同时，持续优化供应链，降低成本，提高效益。

3. 进行营销与推广

社交媒体营销：除了在短视频平台上进行内容营销外，还在微博、微信等社交媒体上开展多元化的营销活动，扩大品牌知名度。

KOL合作：与其他知名网红、主播合作，共同推广商品，实现资源共享和互利共赢。这种合作模式能够迅速扩大品牌影响力，提高销售额。

粉丝互动：通过举办粉丝见面会、线上互动活动等方式，增强与粉丝的互动和黏性，提高用户的忠诚度和复购率。

4. 完善服务与售后

客户服务的体系：建立专业的客户服务团队，提供售前咨询、售后服务等全方位支持，确保消费者在整个购物过程中都有满意的体验。

售后政策：制定完善的退换货政策、质量保证等售后措施，解决消费者在购买过程中可能遇到的问题，提升品牌形象和口碑。

5. 数据驱动与持续优化

数据分析：收集和分析用户行为数据、销售数据等，深入了解消费者的购物习惯、需求和偏好，为商品选择、营销策略等提供数据支持。

业务优化：根据数据分析结果，不断优化直播内容、商品组合、促销策略等，提高销售转化率和客户满意度。同时，持续改进供应链、物流等环节，降低成本，提高效率。

综上所述，三只羊网络科技有限公司的商业模式以短视频+直播电商为核心战略，通过精细化的商品与供应链管理、多元化的营销与推广手段、优质的服务与售后支持以及数据驱动的业务优化实现持续发展和盈利。这种商业模式不仅充分利用了短视频平台的高流量和黏性优势，还通过不断创新和优化来适应市场变化和满足消费者需求。

随着科技的进步，直播电商平台需要不断探索新的技术手段来提升用户体验和销售效果。例如，利用虚拟现实技术提供更真实的商品展示和试穿体验，或者利用人工智能技术实现智能推荐和个性化购物等。这些创新将有助于直播电商在激烈的市场竞争中保持领先地位并实现可持续发展。

这会为直播电商这种商业模式注入新的活力，并使其展现出巨大的市场潜力和发展前景。

跨境电商：SHEIN靠什么扩张海外市场

跨境电商，即跨境电子商务，是指分属不同国境或关境的交易主体通过电子商务平台达成交易、进行支付结算，并通过跨境物流送达商品、完成交易的一种国际商业活动。它既包括出口电商，也包括进口电商。

从商业模式上来看，跨境电商可以大致分为B2B（企业对企业）和B2C（企业对消费者）两种模式。在B2B模式下，企业运用电子商务以广告和信息发布为主，成交和通关流程基本在线下完成，本质上仍属传统贸易，已纳入海关一般贸易统计。这种模式下的跨境电商平台主要服务于企业，提供信息发布、撮合交易等服务。

而在B2C模式下，我国企业直接面对国外消费者，以销售个人消费品为主，物流方面主要采用航空小包、邮寄、快递等方式。这种模式下的跨境电商平台更加注重消费者体验，提供包括在线支付、客服、售后等在内的服务。

随着电子商务技术的不断发展和全球贸易的日益深化，跨境电商已经成为全球贸易的重要组成部分，为企业提供了新的商业机会和更广阔的发展空间。

SHEIN（中文名：希音）是一家领先的拥有高质量衣服和其他时尚配

件的在线商店，同时也是一家跨境 B2C 快时尚电商平台。它由国内的一家公司在 2008 年创建，并于 2014 年打造了专属网站和 App。SHEIN 以快时尚服装为主体，业务涵盖服装、配饰、鞋包、首饰、家居、美妆、家纺等诸多品类，主要面向欧美、中东、印度等消费市场。

SHEIN 凭借着沙漏形身材模特、大量上新、价格低廉、营销手法多样、紧跟时尚潮流、精准捕捉流行趋势等特点，在海外市场快速吸引了大批年轻用户。除此之外，SHEIN 还通过深耕供应链管理和不断提升运营实力，逐渐成为跨境时尚电商的行业领先者。如今，SHEIN 已经成为全球知名的时尚电商品牌之一，销售覆盖全球 200 多个国家和地区，日发货量最高超过 300 万件。

那 SHEIN 是靠什么发展海外市场的呢？采取的主要策略如下。

1. 社交媒体营销：精准触达与广泛传播

SHEIN 深知社交媒体在海外市场中的巨大影响力，因此在 Instagram、Facebook 等主流平台上进行了大量的广告投放。这些广告不仅形式新颖、创意独特，更能够精准地定位到目标用户群体，确保每一分投入都能获得最大的回报。通过持续不断的广告投放，SHEIN 的品牌知名度和曝光率得到了显著提升，为公司的海外业务打下了坚实的基础。

除了自主投放广告，SHEIN 还积极与海外时尚博主和名人展开合作。这些博主和名人拥有着庞大的粉丝群体和广泛的影响力，他们的每一次分享和推荐都能为 SHEIN 带来大量的潜在客户。通过与这些意见领袖的合作，SHEIN 不仅快速扩大了品牌影响力，还赢得了众多消费者的信任和喜爱。

2. 价格策略：高性价比与促销驱动

在海外市场，价格始终是消费者关注的重点。SHEIN深知这一点，因此其产品定位始终保持在相对较低的价格区间，确保消费者能够以最实惠的价格购买到时尚的产品。这种高性价比的策略使得SHEIN在竞争激烈的市场中脱颖而出，吸引了大量追求性价比的消费者。

为了进一步提高购买转化率，SHEIN还经常推出各种促销活动。无论是打折、满减还是限时抢购，这些活动都能有效地激发消费者的购买欲望，促使他们尽快下单。通过持续不断地举办促销活动，SHEIN不仅提高了销售额，还进一步巩固了品牌在消费者心中的地位。

3. 快速物流：提升客户体验与忠诚度

对于跨境电商来说，物流速度是影响客户体验的关键因素之一。SHEIN深知这一点，因此一直致力于提高物流速度和服务质量。通过在全球范围内建立本地化的物流中心，SHEIN大大缩短了配送时间，使得消费者能够在最短的时间内收到心仪的商品。

快速的物流不仅提高了消费者的满意度，还增强了他们对SHEIN品牌的信任感和忠诚度。当消费者发现SHEIN总是能够在第一时间将商品送达时，他们往往会更加倾向于将SHEIN作为购物的首选品牌。这种良性循环使得SHEIN在海外市场中的竞争力不断增强。

4. 品牌定位与产品创新：塑造年轻时尚的新标杆

SHEIN品牌的核心理念紧紧围绕着年轻、时尚这两个关键词，以此为核心定位，成功吸引了众多年轻消费者的目光。在如今跨境电商市场竞争日益激烈的环境下，一个明确的品牌定位是品牌能否长远发展的关键。

SHEIN不仅明确了自己的品牌定位，还在产品设计和品牌形象上不断寻求创新和突破。

为了保持品牌的活力与新鲜感，SHEIN不断推陈出新，每季推出大量新款式，紧跟时尚潮流。同时，品牌也注重细节与品质，确保每一款产品都能满足消费者的期待。这种坚持创新的态度，让SHEIN在市场中树立了独特的品牌形象，不仅提升了品牌价值，也赢得了消费者的喜爱与忠诚。

5. 数据驱动：精准决策，优化运营

在数字化时代，数据已成为企业运营决策的重要依据。SHEIN深知这一点，因此在运营过程中充分利用数据驱动的方法，从各个维度深入了解消费者的需求和偏好。

通过收集和分析用户行为数据、销售数据等，SHEIN能够精准地洞察市场趋势，把握消费者的购买习惯和喜好。这使得SHEIN在商品选择、库存管理、营销策略等方面都能做出更加精准、有效的决策。此外，数据驱动还帮助SHEIN优化用户体验，提升客户满意度，从而进一步增强品牌的竞争力。

6. 本地化策略：深入市场，融入文化

在扩张海外市场的过程中，SHEIN非常注重本地化策略的实施。这不仅是出于对不同市场文化和需求的尊重，更是为了确保品牌能够更好地融入当地市场，提高市场份额。

为了实施本地化策略，SHEIN在产品设计上充分考虑不同地区的审美和文化差异，推出符合当地市场需求的特色款式。同时，在定价策略上也根据不同市场的消费水平和购买力进行调整，确保产品的竞争力。此外，

SHEIN还积极与当地品牌和卖家合作，拓展销售渠道，提升品牌在当地市场的影响力。

在客户服务方面，SHEIN也注重提供本地化的服务体验。无论是语言沟通还是售后服务，都力求让消费者感受到亲切与便捷。这些措施不仅有助于提升客户的满意度和忠诚度，也为SHEIN在全球市场的持续发展奠定了坚实的基础。

可见，SHEIN的成功不仅来自其优质的产品和精准的市场策略，更来自其背后强大的商业模式和运营能力。它以消费者为中心，紧跟时尚潮流，不断创新和完善服务，为全球消费者带来了更加便捷、优质、时尚的购物体验。

如今，跨境电商是一种充满活力和机遇的商业模式，它为企业提供了新的发展空间和更广阔的市场前景。随着技术的不断进步和全球贸易的日益深化，跨境电商将继续发挥重要作用，推动全球贸易的发展和繁荣。对于想要拓展国际市场的企业来说，跨境电商无疑是一个值得关注和尝试的重要领域。

知识带货：东方甄选的"流量密码"

知识带货商业模式是一种结合知识分享和产品销售的新型商业模式。在这种模式下，知识分享者（如专家、网红、意见领袖等）通过分享自己的专业知识和经验，吸引和聚集具有共同兴趣和需求的受众群体。同时，他们会在分享过程中推荐和销售与知识内容相关的产品或服务。

知识带货商业模式的核心在于知识分享者的影响力和专业性，以及他们与受众群体之间建立的信任关系。通过分享有价值的知识内容，知识分享者能够树立自己的专业形象和口碑，赢得受众的信任和认可。在此基础上，他们推荐的产品或服务往往更容易被受众接受和购买。

这种商业模式的优势在于，它能够实现知识分享与产品销售的有机结合，提高销售转化率和用户满意度。同时，它也能够为知识分享者创造更多的商业机会和收入来源。

2022年6月14日，"中关村周杰伦"这一词条一时走红网络。其中心人物董宇辉以其独特的才华在直播界崭露头角，在他的直播间，从未充斥着嘈杂的叫卖声。即便是最普通的一件商品，在他的描述下也仿佛焕发出生命的活力。

东方甄选之所以能够迅速走红，成为众多消费者关注的焦点，是因为其成功的背后隐藏着的几大"流量密码"。

1. 资本的推动和抖音平台的强大流量扶持

在这个数字化、网络化的时代，平台的力量不容忽视。抖音作为一个拥有海量用户的社交平台，为东方甄选提供了一个展示自身特色和优势的舞台。通过精准的定位和有效的营销策略，东方甄选成功地吸引了大量潜在消费者的目光。

2. 独树一帜的知识带货商业模式

将知识传播与商品销售巧妙结合，这种创新的商业模式不仅提升了消费者的购物体验,更在无形中增强了品牌的认知度和黏性。消费者在享受购物乐趣的同时,也能够从中汲取有益的知识,这种一站式的服务体验自然深受欢迎。

3. 始终坚持的"精选"与"服务"两大核心理念

在产品选择上,东方甄选严格把关,确保每一件商品都符合其高品质的标准。这种对品质的执着追求赢得了消费者的信赖和好评。同时,优质的服务体验也是东方甄选能够持续吸引流量的重要因素。从售前咨询到售后服务,东方甄选都致力于为消费者提供周到、细致的服务,让每一位顾客都能感受到家的温馨和便利。

4. 个性化推荐与优质服务

在当前的消费市场中,用户体验和个性化服务已成为竞争的焦点。为了提供更精准的购物体验,他们运用先进的数据分析工具,深入挖掘用户的消费习惯、兴趣和需求。这种深度的数据分析,使得东方甄选能够为每一位用户提供独一无二的商品推荐,确保所推荐的每一款商品都与用户的口味和需要完美匹配。

此外,为了打造更佳的用户体验,东方甄选在售后服务和物流支持上也下足了功夫。他们设立了专门的客户服务团队,随时准备解答消费者的任何疑问,确保每一个问题都能得到迅速、满意的答复。而在物流方面,东方甄选与顶级物流公司紧密合作,确保商品在最短的时间内、以最佳的状态送达消费者手中。

5. 供应链管理与合作伙伴关系

在供应链管理上,东方甄选始终坚信,优质的商品源于优质的供应链。为此，他们全球寻访，与各地最优秀的供应商建立起了稳固的合作关系。这些供应商都经过了严格的筛选和评估，确保他们所提供的每一款产品都达到了东方甄选的高标准。

为了确保商品品质的始终如一，东方甄选还对整条供应链进行了细致的监控。从商品的原料采购、生产加工，到最后的包装发货，每一个环节都有专门的团队进行严格把关。这种对细节的极致追求，保证了东方甄选所售商品始终维持在高水准。

6. 社交媒体与多渠道营销

在当前的数字时代，社交媒体已成为品牌营销的重要阵地。东方甄选敏锐地捕捉到了这一趋势，充分利用社交媒体的力量来扩大其影响力。他们不仅在各大社交平台上积极发布直播预告、精彩片段等吸引用户关注的内容，还巧妙地与众多知名博主、意见领袖进行了合作。这种合作不仅提升了东方甄选的品牌知名度，更为其带来了大量的新用户。

而在营销渠道上，东方甄选也采用了多元化的策略。除了线上的各种推广方式，他们还积极参与各种线下活动，与消费者进行面对面的互动。这种线上线下相结合的营销方式，不仅大大提升了东方甄选的品牌曝光度，也增强了用户与品牌之间的黏性。

7. 持续创新与优化

创新是企业永葆活力的关键。东方甄选深知这一点，因此始终保持着对新事物的好奇心和探索精神。在直播形式上，他们不断尝试新的方式和手段，为用户带来新鲜感和惊喜。无论是场景的布置、主播的选择，还是互动环节的设计，都充满了创意和巧思。

同时，东方甄选也密切关注市场动态和消费者需求的变化。一旦发现新的趋势或需求点，他们会立即组织团队进行研究，并迅速调整商品策略和服务模式以适应这些变化。

当然，东方甄选非常注重主播的选拔和培养，选拔具有专业知识和良好表达能力的人才，并为他们提供系统的培训和成长机会。这使得主播们能够在直播中展现出最佳状态，为消费者提供高质量的知识带货体验。

如今，知识带货是一种创新性的电商直播模式，它通过知识传播和高品质商品策略，为消费者提供了独特的购物体验。随着市场的不断变化和消费者需求的升级，知识带货将逐渐成为许多企业不得不运用的一种商业模式。

第七章
免费模式：打造强大的后端服务

　　免费模式作为商业策略中的一股新势力，其通过提供免费体验的产品或服务来吸引大量用户，进而构建庞大的用户基础，并以此为依托，打造强大的后端服务体系。这一模式不仅有效降低了用户的初始成本，提高了市场渗透率，更通过后端服务的精细运营，实现了商业价值的最大化。

免费体验：某平台游戏免费，道具收费

免费体验商业模式是一种基于"免费+收费"策略的商业模式，常见于互联网、软件、游戏、服务等行业。该模式的核心在于提供免费的产品或服务体验，以吸引潜在客户，并通过后续的高级功能、增值服务或相关产品的收费来实现盈利。

免费体验商业模式有两大优势：一是可以降低客户门槛，即客户无须承担任何风险即可尝试产品或服务；二是可扩大市场份额和品牌影响力。虽然免费体验本身不直接产生收入，但通过引导客户升级到收费版本或购买增值服务，企业可以实现盈利目标。

在我国，由于互联网和移动设备的普及率极高，免费体验商业模式得到了迅速的发展。许多公司都采用了这种模式来推广自己的产品和服务。例如，许多移动应用都提供免费下载和使用，但会通过内购、广告或会员服务等方式获取收入。

常见的免费体验商业模式运作逻辑如下。

1. 提供免费体验

企业向潜在客户提供免费的产品或服务体验，通常这些体验版本具有基本功能，可以满足客户的基本需求。

2. 吸引用户

通过免费体验，企业吸引大量潜在客户尝试使用产品或服务，从而扩大品牌知名度和市场影响力。

3. 引导升级

在客户使用免费体验的过程中，企业会展示高级功能或增值服务的优势，激发客户的购买欲望，引导客户升级到收费版本或购买更多服务。

4. 实现盈利

通过客户升级到收费版本或购买增值服务，企业实现盈利目标。同时，企业还可以通过数据分析了解客户需求，为后续的产品开发和服务优化提供依据。

在游戏行业，一种常见的商业模式是"免费体验+道具收费"。该模式允许用户免费体验游戏的基本内容，但若想获得更好的游戏体验或加速游戏进程，则需要购买游戏内的道具或服务。这种商业模式不仅降低了用户的初始接触门槛，还通过销售道具实现了盈利。

以某知名手机游戏《××××》为例，该游戏采用的就是"免费体验+道具收费"的商业模式。

首先，《××××》通过精美的画面、丰富的游戏内容和引人入胜的故事情节吸引用户下载体验。游戏初期，用户可以免费体验游戏的基本功能，如角色创建、基础战斗和任务完成等。

其次，通过道具展示，激发玩家购买动机。在游戏过程中，系统会逐步引入各种道具，如更强大的武器、炫酷的时装、加速升级的道具等。这些道具通常通过游戏内的商店或特定活动获得，玩家可以使用真实货币购买游戏内的虚拟货币，再用虚拟货币购买道具。

再次，制定盈利策略。《××××》通过销售虚拟货币和特殊道具实现盈利。虚拟货币可以用于购买游戏内的各种服务和道具。游戏还设置了会员系统，会员可以享受更多特权和服务，如额外的经验加成、免费道具、优先参加特定活动等。

最后，注重用户留存与社区互动。游戏定期更新内容，引入新的地图、角色和任务，以保持游戏的新鲜感和吸引力。并且通过举办线上活动、玩家间的竞技比赛和社交互动，增强玩家对游戏的归属感和参与度。游戏社区内设有论坛、聊天室等功能，方便玩家交流心得、分享经验，进一步巩固用户群体。

综上所述，"免费体验+道具收费"的商业模式在游戏行业中具有广泛的应用前景。通过精心设计游戏内容、道具和定价策略，以及持续的更新与维护和用户互动，游戏平台可以在吸引大量用户的同时实现盈利目标。

当然，随着消费者对体验和服务质量的要求不断提高，越来越多的企业开始注重提供优质的免费体验，以提高用户满意度和忠诚度，吸引更多的用户转化为付费客户。

免运费服务：亚马逊的免费配送服务

免运费服务商业模式是指电商企业在销售商品时，为客户提供免费配送服务的策略。通过承担全部或部分运费,企业可以降低客户的购物成本,提高购物体验,并吸引更多客户购买商品。

该模式适用于各类电商企业,但具体策略需要根据企业规模、目标客户群和竞争环境等因素进行定制。例如,大型电商企业可以通过建立自己的物流体系来降低配送成本,而小型电商企业则可以通过与第三方物流公司合作来实现免运费服务。此外,对于一些特殊商品或地区,企业可能需要考虑额外的运费或限制条件。

其主要优势有:免运费服务可以降低客户的购物成本,提高购物体验,增强客户对企业的信任和忠诚度。同时,免运费服务还可以促进销售,提高订单价值,增加企业收入。与此同时,它也会带来一些弊端,比如会增加企业的运营成本,包括配送费用、人工费用等。因此,企业需要合理设计免运费策略,确保既能吸引客户,又不会导致过度消费和浪费资源。

亚马逊(Amazon)是全球最大的综合性网络零售商之一,以其广泛的产品选择、便捷的购物体验、快速的物流和卓越的客户服务而闻名。其中,免费配送服务是亚马逊吸引和保持客户的一项重要策略。下面,我们来了解一下其免费配送服务。

1. 免费配送的条件

(1)订单金额达到一定标准:在亚马逊购物时,如果订单金额达到一定标准(通常是满足特定金额要求),客户就可以享受免费配送服务。这是亚马逊最常见的免费配送方式。

(2)Prime 会员:亚马逊 Prime 会员是一项付费会员服务,会员可以享受包括免费快速配送、音乐、电影、电子书等多项福利。对于Prime会员来说,无论订单金额大小,都可以享受免费配送服务,且配送速度更快。

(3)特定商品或促销活动:有时,亚马逊会针对特定商品或促销活动提供免费配送服务。这种情况下,即使订单金额未达到标准,客户也可以享受免费配送。

2. 免费配送的优势

(1)吸引客户:免费配送服务可以降低客户的购物成本,从而吸引更多客户在亚马逊购物。

(2)提高客户满意度:客户无须额外支付运费,可以提高购物体验和客户满意度。

(3)增加订单量:有时,客户为了达到免费配送的标准,可能会增加购买数量或选择更高价值的商品,从而增加订单量。

3. 免费配送的注意事项

(1)配送时间:虽然亚马逊提供免费配送服务,但配送时间可能因商品、库存和地区而异。客户在选择免费配送时,应注意查看预计的配送时间。

(2)配送方式:亚马逊提供多种配送方式,包括标准配送、加急配送等。客户在选择免费配送时,应了解所选配送方式的具体细节。

(3)退货政策:如果客户对购买的商品不满意或需要退货,应了解亚马逊的退货政策以及是否需要承担退货运费。

亚马逊的免费配送服务是其提升客户体验和保持市场竞争力的重要手

段。通过提供便捷、高效的免费配送服务，亚马逊赢得了广大客户的信任和忠诚。

免运费服务作为电子商务领域的一项重要策略，已经成为众多企业吸引客户、提升竞争力的关键手段。通过为客户提供免费配送服务，企业不仅降低了客户的购物成本，更在无形中提升了客户的购物体验，增强了客户与品牌之间的连接。

在实际运营中，企业需要根据自身的业务规模、目标客户群以及市场竞争状况，制定合适的免运费策略。无论是设定订单金额门槛、推出会员制度，还是针对特定商品或促销活动提供免费配送，都需要企业细致考虑，确保策略既能吸引客户，又能实现企业的盈利目标。

第三方补贴：百度以广告收入优化搜索体验

第三方补贴商业模式是一种由第三方（通常是广告主或合作伙伴）为提供免费或低价服务的平台或企业支付费用的商业模式。在这种模式下，平台或企业通过向第三方收取费用来补贴其提供的免费或低价服务，从而实现盈利。

这种商业模式在互联网企业中得到了广泛应用。例如，搜索引擎、社交媒体平台、在线视频网站等都可能采用第三方补贴商业模式。这些企业通过提供免费的服务吸引用户，并在用户使用过程中展示广告或推荐相关产品，从而获得第三方的补贴或收入分成。

百度作为全球最大的中文搜索引擎，其免费高效的搜索服务模式得到了广泛认可和应用。在这种服务模式中，百度通过提供高质量的搜索结果和便捷的用户体验，吸引了大量用户，并通过广告等方式实现了商业变现。实际上，百度的免费搜索服务背后，涉及一种第三方补贴的商业模式。也就是说，百度通过向广告主收取费用，来补贴其提供的免费搜索服务。

其补贴模式的运作流程大致如下。

1. 与广告主合作

广告主与百度签订合作协议，支付一定的广告费用。这些费用并不是随意设定的，而是根据广告主在百度搜索结果页面上的展示频率、位置以及其他相关因素来确定的。这意味着，广告主支付的每一分钱都是有其明确的价值和回报预期的。

2. 对搜索技术的持续投入

百度将从广告主那里获得的广告费用，不断地投入搜索技术的研发中。这包括算法的优化、服务器的维护、数据中心的建设等各个环节。这些投入都是为了确保用户在搜索时能够更快、更准确地找到他们想要的信息。此外，百度还注重优化用户体验，努力提升搜索结果的相关性和有用性。

3. 提供免费的高质量搜索服务

用户在使用百度的搜索服务时是完全免费的。他们只需输入关键词，百度就会根据其强大的算法和数据分析能力，返回最相关的搜索结果。这些结果中，除了自然搜索的结果外，还包括了与搜索意图高度匹配的广告内容。这样，用户不仅可以轻松找到所需的信息，还有机会接触到更多有用的产品和服务。

下面以一个具体的例子加以说明。

有一家在线旅游公司，为了推广其旅游产品和服务，决定在百度上投放广告。他们首先与百度签订了合作协议，确定了广告展示的关键词、位置、时间等细节，并支付了相应的广告费用。随后，当用户在百度上搜索与旅游相关的关键词时，就会看到该公司的广告。如果用户点击了广告并进入了该公司的网站或购买了其产品，该公司就需要向百度支付一定的点击费用或转化费用。

在这个过程中，百度作为搜索引擎提供商，通过其强大的技术能力和庞大的用户基础，为广告主提供了一个高效的推广平台。而广告主则通过支付广告费用，获得了与用户直接接触的机会，实现了产品或服务的推广和销售。这种合作关系不仅提升了广告主的市场竞争力，也为百度带来了可观的广告收入。

除了搜索引擎，许多其他行业也采用了类似的第三方补贴商业模式。例如，电商平台向卖家收取费用来补贴其提供的免费或低价购物服务；社交媒体平台向广告主收取费用来补贴其提供的免费社交服务；共享出行平台向司机收取一定比例的佣金来补贴其提供的低价出行服务等。

这种商业模式的优势在于，它降低了用户的使用门槛，提升了用户体验，同时实现了商业变现。对于平台或企业来说，它们可以利用第三方补贴来快速吸引用户，扩大市场份额，并通过不断优化服务来提升用户黏性和忠诚度。对于第三方来说，它们可以通过支付费用来获得更多的曝光机会和潜在客户，从而实现产品或服务的推广和销售。

免费增值模式：LinkedIn通过增值服务实现盈利

免费增值模式是一种流行的商业模式，特别是在互联网和软件行业中。这种模式的核心思想是提供基础服务或产品免费给所有用户，同时提供高级或增值服务给愿意付费的用户。

这种模式的优点表现在：一是市场渗透，快速吸引大量用户，提高市场份额；二是用户黏性，通过免费服务建立用户忠诚度；三是收入多元化，通过增值服务、广告、数据销售等多种方式实现盈利。

其运作逻辑为：通过提供免费的基础服务来吸引大量用户，一旦用户开始使用免费服务，企业会努力通过优秀的用户体验、社交互动、个性化服务等方式建立用户黏性，使用户习惯并依赖该服务。随后，鼓励部分用户升级到付费服务，并提供持续的高质量服务。

LinkedIn（领英）是一个面向职业人士和企业的社交网络平台。其拥有庞大的用户群体，覆盖全球多个国家和地区，用户主要由职场人士、招聘人员、企业高管、行业专家等组成。LinkedIn通过提供免费的基础服务吸引大量用户，并通过提供高级或增值服务来实现盈利。

1. LinkedIn提供的基础服务是免费的

在LinkedIn上创建个人职业档案、建立职业关系网、搜索职位和公司等都是免注册的。这些基础服务满足了用户的基本需求，帮助他们在职业

第七章 免费模式：打造强大的后端服务

发展中建立联系、寻找机会。通过提供这些免费服务，LinkedIn 吸引了大量用户注册和使用平台，建立了庞大的用户群体。

2. 通过提供高级或增值服务来实现盈利

增值服务包括更高级的搜索功能、更多的职业档案查看权限、优先推荐给招聘者等。这些服务对于那些希望更深入地使用平台、获取更多职业机会的用户来说具有吸引力。用户可以选择升级到付费账户，以享受这些增值服务。

3. 通过广告和其他合作方式获得收入

例如，企业可以在 LinkedIn 上投放招聘广告，针对特定的用户群体进行招聘推广。LinkedIn 还与其他企业合作，提供定制化的解决方案，满足企业的特定需求。

LinkedIn 的免费增值商业模式的成功之处在于，它能够通过提供免费的基础服务吸引大量用户，并通过提供有价值的增值服务来实现盈利。这种商业模式不仅满足了用户的需求，还为企业创造了可持续的收入来源。

然而，这种商业模式也面临一些问题。首先，将免费用户转化为付费用户需要有效的营销策略和用户体验优化。LinkedIn 需要不断改进其平台功能和服务，以提供更多有价值的功能和体验，吸引用户升级为付费账户。其次，随着竞争对手的不断涌现，LinkedIn 需要不断进行创新和改进，以保持其市场领先地位和用户黏性。

总的来说，LinkedIn 的免费增值商业模式是一种成功的互联网商业模式，它通过提供免费的基础服务和有价值的增值服务来吸引用户并实现盈利。对于一家企业来说，要成功实施这种模式，需要仔细考虑如何平衡免费和付费服务之间的关系,并不断创新、优化用户体验和营销策略,以满足用户的需求和应对市场的竞争。

送赠品:某平台卖咖啡送咖啡机

送赠品是一种常见的营销策略,旨在通过向消费者提供免费或额外的产品或服务,以促进销售、增强品牌忠诚度并吸引新客户。常见的有买一赠一、满额赠送、试用装赠送、积分兑换赠品、跨界合作赠品等。

在实施这种策略时,要注意三个方面。一是赠品选择:选择与主产品相关或具有吸引力的赠品,确保赠品能够引起消费者的兴趣并增加购买欲望;二是赠品价值:确保赠品的价格适中,既能吸引消费者,又不会对企业造成过大的成本负担;三是赠送时机:选择合适的赠送时机,如购买时即送、满额赠送或特定活动期间赠送等。

下面,我们以某平台通过卖咖啡送咖啡机实现盈利这一商业案例,来简要说明"送赠品"这种商业模式的基本运作原理。

1. 市场定位与目标客户

该平台定位为中高端咖啡市场,目标客户为对咖啡品质有追求的白领、家庭用户以及小型办公场所。这些用户注重生活品质,愿意为高品质的咖啡和便捷的咖啡制作方式买单。

2. 产品与服务

(1)咖啡产品:平台提供多种类型的高品质咖啡豆、咖啡粉以及即饮咖啡产品，满足用户不同的口味和需求。

（2）咖啡机赠品：用户购买指定金额或数量的咖啡产品，即可获得高品质咖啡机一台。咖啡机设计简约、操作便捷，适合家庭和小型办公场所使用。

（3）增值服务：提供咖啡机维修、保养、咖啡豆定期配送等增值服务，增加用户黏性和收入来源。

3. 营销策略

（1）线上推广：利用社交媒体、搜索引擎优化（SEO）、电子邮件营销等方式，宣传平台的咖啡产品和赠送咖啡机的活动，吸引潜在客户的关注。

（2）线下合作：与高端写字楼、商场等场所合作，设立体验区，让用户亲自体验高品质的咖啡和便捷的咖啡机操作，促进销售。

（3）会员制度：建立会员制度，对会员提供专享优惠、积分兑换、定期赠送咖啡豆等活动，提高用户忠诚度和复购率。

4. 盈利模式

（1）咖啡产品销售：通过销售高品质的咖啡豆、咖啡粉以及即饮咖啡产品实现盈利。

（2）咖啡机成本控制：与咖啡机供应商建立长期合作关系，降低采购成本。同时，通过赠送咖啡机的方式刺激咖啡产品的销售，实现规模经济。

（3）增值服务收入：通过提供咖啡机维修、保养、咖啡豆定期配送等增值服务，增加收入来源。

（4）会员费用与广告收入：通过会员费用和平台广告位出租等方式获取额外收入。

5. 运营与供应链管理

（1）库存管理：根据销售数据和市场需求预测，合理安排咖啡豆、咖啡机等产品的库存，避免断货或积压现象。

（2）物流配送：与专业的物流公司合作，确保咖啡产品和咖啡机能够及时、准确地送达客户手中。

（3）客户服务：建立专业的客户服务团队，提供咖啡机使用指导、售后服务等支持，提升客户满意度。

（4）持续优化与迭代：根据市场反馈和客户需求，不断优化咖啡产品配方、提升咖啡机性能、完善增值服务等，保持竞争优势。

通过以上措施，该平台实现了持续盈利。在实际操作中，需要密切关注市场动态和客户需求变化，灵活调整策略以应对各种挑战。

送赠品是一种常见且见效快的营销策略，可以帮助企业提高销售额、增强品牌忠诚度和吸引新客户。然而，在实施过程中需要注意赠品选择、价值、赠送时机和目标客户等方面的问题，并遵守相关法律法规。通过不断地跟踪效果并调整策略，企业可以充分发挥送赠品商业模式的潜力并实现营销目标。

第七章 免费模式：打造强大的后端服务

零元购：某时尚服饰平台的"零首付"

零元购是一种常见的商业模式，它允许消费者在没有首付或预付款的情况下购买商品或服务。这种模式通常涉及分期付款、信用贷款、租赁或其他形式的延期付款安排。其主要优势在于其能够吸引那些没有足够现金储蓄但希望立即获得商品或服务的消费者。也就是说，它可以降低购买门槛，使更多人享受到商品或服务。

当然，对于消费者来说，零首付可能意味着更高的金融风险。因为他们需要在未来的一段时间内支付分期款项，如果他们的财务状况发生变化，可能会导致无法按时还款。此外，一些商家可能会通过提高商品的价格或收取高额利息的方式来弥补零首付带来的风险。

某时尚服饰平台，通过实施"零元购"，业绩实现逆势增长，它是如何做到的呢？

1. 产品与服务

（1）时尚服装：平台提供最新潮流的时尚服装，包括但不限于日常休闲装、职业装、派对礼服等。

（2）零首付购物计划：消费者可以选择零首付购买服装，无须支付任何预付款项，即可将心仪的服装带回家。

（3）分期付款与信用评估：平台与金融机构合作，为消费者提供分期付款的选项，并根据消费者的信用状况推荐个性化分期方案。

（4）会员制度：推出会员制度，会员可以享受更多优惠，如分期付款利息减免、专属折扣等。

（5）虚拟试衣与搭配建议：利用增强现实（AR）技术，提供虚拟试衣功能，让消费者在购买前能够预览效果。同时，提供专业的搭配建议，提升购物体验。

2. 销售策略

（1）社交媒体营销：在社交媒体平台上积极推广零首付购物计划，发布时尚搭配指南、潮流趋势等内容，吸引目标客户关注。

（2）KOL合作：与时尚博主、意见领袖（KOL）合作，通过他们的影响力推广平台的时尚服装和零首付购物计划。

（3）线下体验店：在热门商圈开设线下体验店，让消费者能够亲自试穿服装，感受品质与款式，再选择零首付购买。

（4）用户推荐计划：鼓励满意的用户推荐新客户，推荐成功的用户可以获得积分奖励或现金回扣。

3. 盈利模式

（1）服装销售利润：通过销售时尚服装实现盈利，尽管提供了零首付选项，但可以通过分期付款的利息或手续费增加收入。

（2）金融服务收入：与金融机构合作，从消费者分期付款计划中获取一定的金融服务费用或利息收入。

（3）会员费用：通过推出会员制度，收取一定的会员费用，提供会员专属优惠和服务。

（4）广告与合作收入：在平台上展示合作品牌的广告或推广活动，获取广告费用或合作佣金。

4. 风险管控

（1）库存管理：根据销售数据和市场需求预测，合理安排服装库存，避免断货或积压现象。

（2）物流配送：与专业的物流公司合作，确保服装能够及时、准确地送达消费者手中。

（3）客户服务：建立专业的客户服务团队，提供购物咨询、售后服务等支持，解决消费者在购买和使用过程中遇到的问题。

（4）信用风险管理：建立完善的信用评估系统，对消费者进行信用评估，以减少坏账风险和欺诈行为。同时，与金融机构紧密合作，共同管理风险。

（5）技术更新与维护：定期更新和维护平台的虚拟试衣、搭配建议等技术功能，确保用户体验的顺畅和准确。

通过实施上述方案，该平台利用零首付购物计划吸引了众多追求时尚潮流的年轻消费者，并通过灵活的分期付款方案、会员制度，以及增值服务实现盈利。

虽然零首付商业模式具有吸引力，但也存在一定的风险和挑战。商家需要在提供这种支付方式时谨慎考虑，并确保遵守相关法律法规和行业准则。同时，消费者也需要充分了解相关条款和条件，并评估自己的财务状况和还款能力。

第八章
增值服务模式：把虚的东西做实

　　增值服务是企业提升产品附加值、增强市场竞争力的重要手段。但是，增值服务往往涉及诸多看似抽象、难以量化的元素。因此，要学会将这些"虚"的元素转化为具体的、可操作的增值服务模式，从而为企业创造实实在在的价值，实现企业与用户的共赢。

按需付费：某网站的"点播服务"

按需付费商业模式是一种定价策略，其中用户根据其消费量或使用量来支付费用。在这种模式下，用户只需支付他们实际使用的产品或服务的费用，而无须支付固定的订阅费用或购买费用。这为用户提供了灵活性和便利性，因为他们可以仅为他们真正需要的内容或服务付费。

这种商业模式的典型应用包括云计算服务、流媒体平台（如视频和音乐流媒体服务）、应用内购买等。例如，在云计算服务中，用户可能只需要支付他们使用的存储容量、计算能力或特定服务的费用，而不是购买和维护整个基础设施。在流媒体平台上，用户可以选择按月付费享受无限流媒体服务，或者选择按观看次数付费。在应用内购买中，用户可以免费下载和使用应用的基础版本，然后按需购买额外的功能、内容或服务。

按需付费商业模式有三大优势，分别是：灵活性，用户可以根据自己的需求和预算进行灵活的消费，避免了浪费；便利性，用户只需为他们真正需要的内容或服务付费，无须承担额外的费用或承诺；风险降低：对于提供商来说，按需付费模式可以帮助他们更准确地预测收入，降低了因为用户流失或未使用的服务而导致的财务风险。

有一家知名视频网站，推出付费超前点播服务，旨在满足用户对热门影视内容的提前观看需求，增加网站收入，并提升用户黏性。即：该网站允许用户在特定影视内容正式上线前，通过支付额外费用提前观看。该模式将作为网站的增值服务，与现有会员体系相结合，提供不同层级的超前点播权限。

其具体的商业策略如下：

以下是关于超前点播服务内容的优化扩写，结合了现实场景的描述。

1. 精选内容，引领观影潮流

在浩如烟海的影视作品中，团队精心挑选出热门、独家或高质量的影视内容，为用户提供超前点播服务。这些内容不仅涵盖了国内外的大热剧集、经典电影，还包括了一些独家纪录片、演唱会等，确保每一位用户都能在这里找到心仪的作品，享受与众不同的观影体验。

2. 个性化会员体系，尊享多重权益

为了满足不同用户的需求，网站在现有的会员体系基础上，进一步细分了超前点播的权益。普通会员可以提前观看部分精选内容，而高级会员则能享受更多独家内容的超前点播服务，甚至还能在更早的时间段内观看。这样的设置不仅增加了用户的黏性，也让用户感受到了更加个性化的服务体验。

3. 灵活定价，合理消费

网站在制定超前点播的定价策略时，充分考虑了影视内容的热度、独家程度以及观看时长等因素。用户可以选择单点付费观看某一部作品，也可以选择包月或包年的形式，享受更多超值服务。这样的定价策略既保证了网站的收益，也让用户觉得物有所值。

4. 简洁明了的用户交互界面

在网站或应用的首页、详情页等显眼位置，清晰标注了超前点播内容的标志、价格以及观看时间等信息。用户只需轻轻一点，就能快速了解和选择自己感兴趣的内容。同时，网站还提供了便捷的操作按钮和流畅的支付渠道，确保用户在最短的时间内完成支付并开始观看。

5. 顺畅的付费与观影流程

当用户选择超前点播内容并完成支付后，网站会在第一时间为用户开通观看权限。用户可以在规定的时间内随时观看所选内容，无须等待或排队。同时，网站还提供了高清、流畅的观影体验，让用户仿佛置身于影院之中，享受沉浸式的观影体验。

6. 贴心的客户服务与技术支持

为了保障用户在使用超前点播服务过程中的顺畅体验，网站设立了专门的客户服务团队和技术支持团队。无论用户遇到任何问题或困惑，都可以随时联系我们的客服人员寻求帮助。同时，技术支持团队也会持续监控和优化平台性能，确保用户在使用过程中不会遇到任何技术问题。

在注重超前点播服务的核心要素的同时，该网站也非常注重运营策略及风险评估，确保这一模式的可操作性和可持续性。

在宣传推广方面，充分利用社交媒体、广告投放等多元渠道，深入宣传超前点播模式的优势和独特之处。通过精心策划的推广活动，我们将吸引更多潜在用户的关注，激发他们的参与热情。

为了与用户更好地互动，网站定期举办与超前点播内容相关的互动活动，如观后感分享、线上讨论会、明星见面会等。这些活动有效地增进了用户对平台的归属感和忠诚度。

在合作伙伴的选择上，网站积极与内容制作方、版权方等建立稳固的合作关系。通过与行业内优质资源的对接，将获取更多独家、高质量的影视内容，为用户带来更加丰富的观影选择。另外，网站特别注重对内容泄露风险的防范。为此，加强了内容保护措施和技术加密手段，确保超前点播内容在正式上线前不会被非法获取或泄露。

随着互联网技术的不断演进和用户需求日益多样化，按需付费的商业模式已逐渐成为市场的主流趋势。这种灵活且便利的模式不仅能够精准地满足用户的个性化需求和预算，而且为服务提供商带来了更准确的收入预测和较低的风险。然而，在享受这些优势的同时，提供商也必须致力于提供卓越的客户服务和技术支持，以确保用户体验的持续优化。

计量收费：施乐的新型租赁方案

计量收费商业模式是一种基于使用量或消费量进行定价的商业模式。在这种模式下，企业或个人根据用户实际使用的产品或服务的数量或质量来收取费用。这种收费方式可以应用于各种行业，如能源、水资源、交通、通信、云计算等。

在计量收费商业模式中，企业通常会安装相应的计量设备来监测和记录用户的使用量，然后根据使用量来计算费用。这种模式的优势在于，它能够确保用户只需支付他们实际使用的费用，避免了浪费和不必要的支出。

对于提供产品或服务的企业来说，计量收费商业模式有几个明显的优势。首先，它可以帮助企业更准确地预测收入，因为收费是基于实际使用量的。其次，这种模式可以降低企业的风险，因为企业不需要承担用户未使用的产品或服务的成本。最后，通过提供个性化的定价策略，企业可以更好地满足用户的需求，提高客户满意度和忠诚度。

施乐公司（Xerox），是一家美国文案管理、处理技术公司，产品包括打印机、复印机、数字印刷设备以及相关的服务和耗材供应。该公司曾引入了一种新型的租赁方案，即"计量收费"模式，成功地将自己从传统的复印机销售企业转型为提供复印服务的服务型企业。这一模式的核心理念是根据用户的实际使用量来收费，为用户提供更灵活、更经济的选择。

在施乐的计量收费模式下，复印机的基本租赁费用为每月95美元，这包括了设备的使用权和一定的基础服务。然而，真正的创新之处在于，当用户的月复印量低于2,000张时，施乐不收取任何额外费用。这意味着，对于那些复印需求不高的用户来说，他们可以以相对较低的成本享受到高质量的复印服务。

而当用户的复印量超过2,000张时，施乐会开始根据每张复印的数量收取额外的费用，具体的费用为每张4美分。这种收费方式确保了用户只需为他们实际使用的服务付费，避免了浪费和不必要的支出。

此外，施乐公司的这种计量收费模式还具有很高的透明度和公平性。用户可以清楚地了解到自己的使用情况和需要支付的费用，从而做出更明智的决策。同时，由于费用是根据实际使用量来计算的，因此不存在由于设备闲置而造成的浪费。

对于施乐来说，计量收费模式是一种新型的、以用户为中心的商业模式。它不仅提高了设备的利用率，降低了用户的成本，还帮助施乐公司成功地实现了从销售产品到提供服务的转型。这一模式对于其他行业和企业来说，也具有重要的借鉴意义和参考价值。

计量收费商业模式虽具有诸多优势，但与传统的固定费用模式相比，计量收费可能带来更复杂的管理和运营挑战。

首先，从技术层面看，实施该模式需要精确的测量设备、高效的数据收集和分析系统，这些先进技术的开发、部署和维护往往需要大量的初期和持续性投资。

其次，用户教育是一个不可忽视的环节，因为用户需要时间去理解、适应这种新的基于使用量的定价方式，提供商必须投入资源指导用户如何有效监测和管理自己的使用量，进而通过行为调整实现费用节省。

最后，建立和维护用户信任是关键，因为一些用户可能会对计量收费的准确性和公平性持怀疑态度，这需要提供商通过透明、公正的操作来赢得用户信赖。

除此之外，法规和政策环境也是一个重要的考虑因素，特别是在那些对计量收费有严格限制的行业，提供商必须保持对法规变化的敏感性，并确保其定价策略始终符合法律要求。

相信随着技术的不断进步和市场需求的不断变化，计量收费商业模式会不断得到优化和完善，应用场景将进一步拓展到更多领域。

专利授权：高通坐享巨额利润分成

专利授权商业模式是一种基于专利权的商业模式，其中专利权人将其专利的使用权授予其他企业或个人，以换取专利使用费用或许可费用。这种商业模式在许多行业中都有应用，特别是在技术密集型行业，如电子、通信、生物医药等。

在这种模式下，专利权人通常是拥有核心专利技术的创新型企业或个人。他们通过研发投入和创新活动，获得了具有独特性和创新性的专利技术，并通过申请专利获得了专利权。一旦获得了专利权，专利权人就可以将其专利授权给其他企业或个人使用。被授权方需要支付一定的专利使用费用或许可费用，以获得使用专利技术的权利。这些费用通常是基于专利技术的使用范围、使用期限、使用地区等因素来确定的。

专利授权商业模式的优势在于，它可以帮助专利权人将其技术转化为商业利润，同时也可以通过授权方式扩大专利技术的应用范围和市场影响力。对于被授权方来说，他们可以通过获得专利技术使用权，快速进入相关领域并提升产品竞争力。

在实际应用中，专利授权商业模式可以采取多种形式，如独占许可、排他许可、普通许可等。不同的许可方式具有不同的特点和使用范围，专利权人可以根据自身需求和市场情况选择合适的许可方式。

高通公司是一家美国的半导体公司，也是全球知名的移动设备和消费电子产品的芯片供应商。其专利授权案例是一个典型的专利授权商业模式应用。高通在无线通信领域拥有大量的核心专利和技术。这些专利和技术涵盖了无线通信标准、芯片设计、系统优化等多个方面，是高通多年来研发投入和创新的成果。

高通的专利授权策略是通过将其专利和技术授权给其他公司使用，以换取专利使用费用。这种授权模式允许其他公司生产符合高通标准的无线通信产品，并在全球范围内销售。每当一款使用高通专利和技术的产品被销售时，高通都能从中获得一定比例的专利费。

以智能手机为例，高通与全球多家手机厂商合作，为其提供芯片和专利授权。这些手机厂商包括苹果、三星、小米等知名品牌。通过高通的专利授权，这些手机厂商可以使用高通的无线通信技术，生产出支持高速网络连接的智能手机。而高通则从销售的每部手机中收取一定比例的专利费，实现利润分成。

除了智能手机，高通的专利授权还涉及其他领域，如平板电脑、物联网设备等。通过与不同行业的合作伙伴合作，高通将其专利和技术应用到更广泛的市场中，进一步扩大了其商业影响力。

高通的专利授权主要体现在以下几个方面。

1. 专利组合与核心技术

高通的专利组合非常庞大，涵盖了从 2G 到 5G 的多种无线通信技术标准，以及与之相关的芯片设计、信号处理、电源管理等领域的专利。

这些专利是高通多年来通过研发投入和创新积累的核心资产，也是其与其他公司进行合作和授权的基础。

2. 授权对象与策略

高通通常会选择手机制造商、电信运营商等作为授权对象，因为这些企业是无线通信技术的主要应用者。在授权策略上，高通会根据不同对象的市场地位、产品销量等因素来设定不同的专利使用费率，以确保其收入的最大化。

3. 标准必要专利（SEPs）的授权

在无线通信领域，存在一些被称为"标准必要专利"（SEPs）的专利，这些专利是实现特定通信标准所必需使用的。高通持有大量 SEPs，并在全球范围内进行授权。由于 SEPs 的重要性，高通在与被授权方谈判时通常拥有较强的议价能力。

4. 交叉许可与专利池

在某些情况下，为了降低专利纠纷的风险和成本，高通会与其他专利持有者进行交叉许可，即双方互相授权使用对方的专利。另外，高通还可能参与专利池（patent pools），即将多个相关专利集合在一起，由一个机构统一管理和授权，以简化授权过程并降低交易成本。

由于专利授权涉及复杂的法律和商业问题，高通在授权过程中需要确保合规性，遵守各国和地区的法律法规。同时，高通的专利授权行为也受到各国监管机构的关注。例如，在一些国家，监管机构可能会审查高通的专利使用费率是否公平合理，以防止其滥用市场地位。

由此可见，高通的专利授权实践是一个复杂而动态的过程，涉及多方面的考虑和策略调整。通过有效的专利管理和授权策略，高通成功地将其技术优势转化为商业利润,并在全球无线通信市场中保持了领先地位。

专利授权商业模式是一种有效地将专利技术转化为商业利润的方式,有助于促进技术创新和市场发展。需要注意的是,专利授权商业模式也面临一些挑战和问题,如专利权的滥用、专利纠纷的解决以及专利技术的有效实施等。

贴身服务：DUFL让出差旅行者"空手出行"

贴身服务是一种以客户为中心,提供高度个性化、定制化和全方位服务的商业模式。在这种模式下,企业深入了解客户的具体需求和偏好,然后为客户量身定制服务方案,并在服务过程中始终保持与客户的紧密互动,以确保服务质量和客户满意度。

该商业模式通常涉及多个服务领域,如个人助理服务、家政服务、旅行规划、健康管理等。服务提供商通过提供一系列细致入微的服务,帮助客户解决日常生活中的各种问题,从而让客户感受到贴心、舒适和便捷的服务体验。

运用这种商业模式的企业注重建立长期稳定的客户关系,通过持续的客户关怀和优质的服务提升客户忠诚度。同时,企业也注重服务创新和技术应用,以不断提高服务效率和质量,满足市场和客户需求的变化。

A公司是一家知名的差旅服务公司。其采用的商业策略即"贴身服务",旨在为出差旅行者提供全方位的行李管理与物流服务,从而实现

"空手出行"的便捷体验。

下面,我们从不同维度来了解一下其商业模式。

1. 目标客户群体

A公司主要服务于经常需要出差的商务人士。这些客户通常面临行李打包、携带、托运以及目的地行李接收等一系列烦琐问题。A公司通过提供一站式解决方案,帮助这些客户节省时间和精力。

2. 服务内容

行李打包与存储:客户可以在出差前将所需物品寄送至A公司的指定仓库。公司负责为客户精心打包并妥善存储这些物品。

按需配送:当客户即将出差时,只需通过A公司的在线平台或应用提前预约所需物品。A公司会根据客户的行程和需求,将相应物品准时配送至客户指定的出发地点。

目的地接收与归还:出差结束后,客户无须自行携带行李回家。A公司会在目的地接收客户归还的物品,并进行清洁、整理后重新存入仓库,以备下次使用。

3. 定价策略

A公司可能采用会员制或按次收费的定价模式。会员制允许客户支付一定的年费或月费,享受不限次数的行李打包、配送和接收服务。按次收费则是根据每次服务的具体内容和数量来计费。

4. 技术支持

为了实现高效、准确的服务,A公司可能利用先进的物流管理系统、RFID技术(用于物品追踪和识别)以及移动应用等技术手段,以确保物品的快速定位、准确配送和实时更新客户状态。

5. 合作伙伴网络

A 公司可能与各航空公司、酒店、会议中心等建立合作关系，以便为客户提供更加便捷的服务接入点和优惠条件。此外，A 公司还可能与专业的清洁、整理服务提供商合作，确保归还的物品始终保持良好状态。

6. 品牌与市场推广

通过精心打造品牌形象、开展有针对性的市场营销活动（如与商务旅行相关的线上线下活动、社交媒体宣传等），A 公司旨在提高其在目标客户群体中的知名度和美誉度。同时，通过不断优化服务质量和客户体验，公司期望在竞争激烈的差旅服务市场中脱颖而出。

贴身服务商业模式的成功关键在于企业能够深入了解客户需求，提供真正符合客户期望的服务，并在服务过程中始终保持与客户的紧密互动和沟通。通过这种模式，企业可以赢得客户的信任和忠诚，从而在竞争激烈的市场中脱颖而出。

精准推荐：谷歌的个性化广告服务

精准推荐商业模式是一种基于大数据、人工智能等技术手段，通过对用户行为、兴趣、需求等信息的深度分析和挖掘，实现精准内容或服务推荐的商业模式。其核心在于利用算法和数据分析技术，将最符合用户需求的内容或服务推送给用户，提高用户体验和满意度，从而实现商业价值。

精准推荐商业模式的最终目标是实现商业价值。企业可以通过多种方式将精准推荐转化为收入，如广告收入、会员订阅收入、商品销售收入等。同时，企业也需要关注成本控制和盈利能力，以确保商业模式的可持续性。

谷歌是一家全球领先的技术公司，以搜索引擎起家，后来逐渐拓展至广告、云计算、人工智能、硬件等多个领域。谷歌的使命是"组织全球的信息，并使其普遍可访问和有用"，通过不断创新和技术突破，为用户提供高效、便捷、个性化的产品和服务。

谷歌的个性化广告服务是一种基于大数据、机器学习和人工智能技术的广告推送系统，通过对用户数据的深度分析和挖掘，实现广告内容的个性化展示，以提高广告的点击率和转化率。

以一家在线购物网站为例，该网站通过谷歌的个性化广告服务，向用户推送与其浏览历史和购买记录相关的商品广告。由于广告内容与用户的需求和兴趣高度匹配，广告的点击率和转化率都得到了显著提升。同时，通过谷歌提供的广告效果衡量工具，该网站还能够实时跟踪和分析广告效果，不断优化广告策略，从而实现更高的广告投资回报率。

其基本的商业原理如下。

1. 用户数据收集与处理

谷歌通过其搜索引擎、浏览器、邮箱、地图等产品和服务，收集用户的搜索记录、浏览历史、地理位置、设备信息等多维度数据。这些数据被匿名化处理，以确保用户隐私安全，同时被用于构建用户画像和兴趣模型。

谷歌作为全球科技巨头，其产品和服务已渗透到互联网的方方面面，包括搜索引擎、浏览器、邮箱、地图等。这些产品和服务不仅是用户日常生活中的必备工具，同时也是谷歌收集用户数据的重要渠道。

在用户使用谷歌的产品和服务时，会产生大量的数据，包括搜索记录、浏览历史、地理位置、设备信息等。这些数据涵盖了用户的多个维度，能够反映用户的兴趣、需求和行为习惯。谷歌通过收集这些数据，能够更全面地了解用户，为用户提供更精准的服务。

收集并处理用户数据后，谷歌会利用先进的算法和技术，对这些数据进行深入分析和挖掘。通过构建用户画像和兴趣模型，谷歌能够更准确地把握用户的需求和兴趣，为用户提供更具个性化的服务和产品。这些用户画像和兴趣模型不仅被应用于谷歌的广告系统，还为谷歌的其他产品和服务提供了有力的数据支持。

2. 个性化广告推送

个性化广告推送已成为现代数字广告行业的核心组成部分，谷歌在这方面走在行业前列。通过深度挖掘和分析收集到的海量用户数据，谷歌的广告系统能够洞察每个用户的独特需求和兴趣。利用先进的机器学习和人工智能技术，谷歌能够将这些洞察转化为高度定制化的广告内容。

这些个性化广告内容不仅与用户的搜索历史、浏览记录以及购买行为紧密相关，还能够反映用户的实时需求和兴趣变化。比如，如果用户最近搜索了关于旅行的信息，谷歌的广告系统可能会推送与旅行相关的优惠信息或目的地指南。这种高度匹配的内容不仅提升了用户的广告体验，也增加了广告的点击率和转化率。

谷歌广告平台的实时调整能力是其个性化推送策略的另一大亮点。通过持续跟踪用户的实时行为和反馈，如点击、浏览时长、购买决策等，谷歌能够动态地调整推送给用户的广告内容。这种实时调整不仅确保了广告的及时性和相关性，也使得谷歌的广告系统能够更加灵活地适应市场变化和用户需求的变化。

3. 广告效果衡量与优化

广告效果衡量与优化是现代广告活动中的关键步骤，它直接关系到广告主的投入与回报。作为全球领先的广告平台，谷歌为广告主提供了一系列强大的广告效果衡量工具，帮助广告主更好地了解广告表现，进而优化广告策略。

Google Analytics等工具为广告主提供了丰富的数据支持，广告主可以实时查看广告的展示量、点击量等基础指标，还能够分析转化率、用户行为等更深入的数据。这些数据不仅反映了广告的直接效果，还揭示了广告背后的用户需求和市场趋势，为广告主提供了宝贵的决策依据。

根据这些数据，广告主可以对广告策略进行精准调整。比如，如果广告在某个时间段内的展示量较低，广告主可以选择加大投放力度；如果某个关键词的点击率不高，可以考虑替换或优化该关键词。此外，广告主还可以根据用户行为数据优化广告内容，使其更符合目标受众的兴趣和需求。

在投放渠道方面，广告主也可以根据数据表现进行优化。不同的投放渠道可能有不同的受众群体和广告效果，广告主可以根据数据分析结果，选择更适合自己产品或服务的投放渠道，提高广告的针对性和效果。

通过衡量与优化广告效果，广告主不仅可以提高广告的投资回报率，还可以更好地理解用户需求和市场变化，为企业的长远发展奠定坚实的基础。因此，充分利用谷歌提供的广告效果衡量工具，对于广告主来说具有重要的现实意义。

4. 用户隐私保护

谷歌一直将用户隐私保护视为个性化广告服务的核心要素。公司坚守严格的隐私政策和数据保护标准，郑重承诺绝不将用户数据与任何个人信息相挂钩，更不会擅自将用户数据透露给未获授权的第三方。除此之外，谷歌还赋予用户关闭个性化广告服务的权利，确保用户能够自如地掌控个人数据的使用方式。这些举措共同体现了谷歌对用户隐私的深切尊重和坚定保护。

谷歌的个性化广告服务凭借其深度分析和挖掘用户数据的能力，成功实现了广告内容的个性化展示和精准推送。这种服务模式不仅让广告内容更加贴近用户的需求和兴趣，提高了广告的点击率和转化率，同时也为广告主带来了更高的商业价值和投资回报率。

随着5G、物联网、区块链等技术的不断发展和融合，像个性化广告服务等这些精准推荐商业模式将迎来更多发展机会和应用场景。例如，利用物联网技术收集用户的实时数据，实现更精准的个性化推荐；运用区块链技术确保数据的安全性和透明性，提升用户对精准推荐的信任度。

打造生态圈：苹果卖的不只是手机

在快速变化的商业环境中，靠一项业务打天下不再是企业成功的主要路径。相反地，构建一个强大的生态圈，将不同业务、产品和服务整合在一起，为用户提供一站式解决方案，正成为越来越多企业的战略选择。

一个成功的生态圈商业模式需要有多元化的产品和服务组合。这意味着企业不仅要提供核心产品和服务，还要围绕用户需求，整合其他相关产品和服务。例如，一个电商平台可以提供商品销售、支付、物流、售后服务等一系列服务，满足用户在购物过程中的各种需求。

苹果公司是打造生态圈商业模式的典型代表，其凭借独特的商业模式和创新的生态圈建设，成为全球最具价值的品牌之一。其商业模式可以简单概括为"硬件+软件+服务"的生态圈模式。在这个模式中，硬件是基础，软件是灵魂，服务是延伸。苹果通过设计、生产和销售一系列高质量的电子产品，如 iPhone、iPad、Mac 等，来吸引和留住用户。同时，苹果也开发了自己的操作系统 iOS 和 macOS，以及一系列的软件应用，如 iTunes、App Store 等，为用户提供了丰富的数字内容和便捷的应用体验。此外，苹果还通过 iCloud、Apple Pay 等服务，将用户的数字生活紧密地连接在一起，形成了一个完整的生态圈。

下面以 iPhone 为例，我们来分析苹果公司的商业模式是如何运作的。

1. 硬件设计与生产

苹果公司以其 iPhone 系列手机，改变了移动通信行业的格局。从初代 iPhone 到如今的最新款，每一款产品都凭借独特的设计语言、卓越的性能参数以及细致入微的用户体验，赢得了全球范围内消费者的热烈追捧。iPhone 不仅仅是通信工具，更是现代科技与设计的完美结合，每一次的迭代都毫无例外地引领了整个手机行业的潮流和趋势。

2. 软件开发与优化

为与硬件的卓越性能相匹配，苹果为 iPhone 量身打造了 iOS 操作系统。该系统以其简洁大气的界面设计、流畅自然的操作感受以及丰富实用的功能特性，在移动操作系统领域独树一帜，成为众多消费者的首选。同时，苹果还通过推出 App Store，为全球的开发者们提供了一个展示创意和销售应用的广阔平台。这不仅极大地丰富了 iPhone 的应用生态，也为用户带来了数以百万计的应用选择，满足了各种生活和工作场景的需求。

3. 数字内容与应用提供

除了硬件和软件，苹果还通过 iTunes 和 App Store 为用户提供了海量的数字内容和服务。无论是热门的音乐、电影、电视剧，还是最新出版的电子书、杂志，用户都能轻松在 iTunes 中找到并购买下载。同时，在 App Store 中，各种类型的应用软件应有尽有，无论是学习、工作、娱乐还是生活，总有一款应用能够满足用户的需求。这些内容和应用的丰富性不仅极大地提升了用户的数字生活质量，也为开发者带来了可观的经济收益，形成了一个良性循环的生态系统。

4. 服务延伸与拓展

优质的服务和产品是赢得用户长期忠诚的关键。为此，公司推出了 iCloud 服务，旨在为用户提供更加便捷、高效的数据存储和同步解决方案。通过 iCloud，用户可以轻松地在不同设备之间共享和同步文件、照片、联系人等重要信息，实现了真正的无缝衔接。此外，为了满足现代消费者对于便捷支付的需求，苹果还推出了 Apple Pay 服务。这项服务利用先进的近场通信技术和安全加密手段，为用户提供了安全、快捷的移动支付体验，让购物和支付变得更加轻松自在。

5. 生态圈构建与维护

苹果的成功不仅仅在于其出色的产品和服务，更在于其精心构建的庞大生态圈。这个生态圈汇聚了众多优秀的合作伙伴，包括硬件供应商如富士康、软件开发者如腾讯、内容提供商如网易云音乐等各行各业的领军企业。通过与这些合作伙伴的紧密合作和共赢策略，苹果成功地为 iPhone 用户打造了一个全方位、一站式的服务体验。在这个生态圈中，每个合作伙伴都能够充分发挥自己的专业优势，共同为用户提供卓越的产品和服务，同时也分享了苹果生态圈带来的巨大商业利益。这种共赢的合作模式不仅加强了苹果与合作伙伴间的联系，也为整个行业的发展注入了新的活力。

总之，打造生态圈商业模式需要企业明确核心价值和定位、构建多元化的产品和服务组合、建立合作伙伴关系、打造开放的平台以及持续优化和创新。通过构建一个强大的生态圈，企业可以更好地满足用户需求、降低成本、提高效率，从而在激烈的市场竞争中脱颖而出。

第九章
会员制模式：用私域流量带动用户裂变

在私域流量已成为企业增长的重要动力的今天，会员制模式作为一种有效的私域流量运营策略，不仅能够深化企业与用户的关系，更能通过精细化的服务和个性化的体验，激发用户的裂变效应。

用户裂变：一位摄影师的逆袭之旅

在移动互联网时代，企业一切问题的根源都是增长出了问题。增长，一直是企业关心的话题，在流量红利逐渐消失、获客成本越来越高的今天，如何低成本获客是企业首要思考的问题，在众多答案中，裂变不失为一种低投入、高回报的增长用户的方式。

有些病毒为什么会在短时间内出现大面积传播？就是因为一传十，十传百……实现爆炸式传播。裂变有点像这种传播方式，但是，裂变不是纯粹的用户量暴增，或是销售额的短期爆发，而是在用户量持续增长的过程中，让用户持续高频地体验、消费你的产品和服务，并且主动帮你宣传。

裂变是品牌广告投放的放大器，投放 + 裂变 = 低获客成本 + 增量用户。对于创业者来说，裂变获客可以降低成本、提升竞争力；对于操盘手来说，做裂变可以拥有越来越值钱的裂变增长能力。

有位知名摄影师，曾拍摄了几万张照片，服务过上百个客户，现在他有个想法：不再卖照片，要做知识付费。也就是想把自己的拍摄经验做成课程，然后以付费的方式分享给大家。如果按传统的模式来做，一共10节课，每人学费299元。但是，这样的课程多如牛毛，别说299元，就是9.9元也未必有人报名，更何况与同行相比，自己没有突出的优势，而且也没有授课的经验。那怎么办？可以用裂变思维来解决这个问题。

具体方法如下。

1. 设计吸引人的入群福利

（1）低价高质：以99元的价格提供一年的服务，本身就是一个很大的卖点。确保所提供的20节拍摄课内容充实、实用，让客户觉得物超所值。

（2）额外增值服务：除了拍摄课程，还可以提供如摄影作品点评、线上摄影交流会、摄影比赛机会等增值服务。

2. 利用社交媒体和口碑传播

（1）鼓励分享：为群内成员设置额外的奖励，如邀请一定数量的好友入群即可获得免费摄影课程或摄影周边产品。

（2）社交媒体推广：利用微博、微信、抖音等社交媒体平台发布课程内容和学员的学习成果，吸引更多人关注。

3. 营造良好的社群氛围

（1）定期互动：组织线上摄影比赛、摄影技巧讨论、摄影作品展示等活动，增强群内成员的互动和归属感。

（2）专业解答：摄影师本人或聘请专业团队在群内解答学员提出的摄影问题，提供专业的指导和建议。

4. 不断更新和优化课程内容

（1）紧随趋势：根据市场变化和学员反馈，不断更新和优化课程内容，确保课程始终保持新鲜感和实用性。

（2）引入嘉宾：邀请其他知名摄影师或行业专家进行知识分享，增加课程的多样性和权威性。

5. 设置多级会员体系

（1）会员特权：设立不同级别的会员体系，如初级会员、高级会员、VIP会员等，不同级别的会员享受不同的权益和服务。

（2）会员推荐奖励：鼓励会员推荐新会员加入，推荐者可获得一定的积分或折扣奖励。

6. 后期转化与升级

（1）课程升级：对于已经购买基础课程的学员，提供更高级、更专业的付费课程，满足他们进一步学习的需求。

（2）摄影周边产品销售：在社群内推广与摄影相关的产品，如相机、镜头、三脚架等，提供便捷的购买渠道和优惠价格。

通过以上措施，不仅可以吸引更多的新客户加入，还能激发老客户的裂变效应，让这位摄影师的知识付费业务实现快速增长。

如今的社交电商、社区团购等，其实玩的就是一种裂变模式。平台通过裂变营销，在吸纳众多的合伙人、店长、会员的同时，又能让他们再次裂变，低成本或者免费等到一个赚钱的机会——自买省钱、分享赚钱。对于有好产品或服务的企业来说，这种裂变思维能让其快速拥有无数个免费业务员，进而低成本抢占市场。

第九章　会员制模式：用私域流量带动用户裂变

会员激励：一种让客户每天不得不来的模式

会员激励商业模式是一种通过设立会员制度和提供相应的激励措施，以促进会员持续消费和增加忠诚度的商业策略。其核心在于为会员提供价值感、归属感和优越感，并通过积分、等级、权益等手段激发会员的消费欲望和推荐欲望。

常见的会员激励商业模式有积分体系、等级体系、会员特权、社交激励、联合会员等。在实际应用中，企业可以根据自身的业务特点和目标客群，选择合适的会员激励商业模式。同时，企业还需要不断优化和完善会员制度，提升会员体验和服务质量，以保持会员的持续活跃和忠诚度。

有一家健身房，经营了十多年，一直靠办卡＋私教的模式盈利。但是近年来，随着健身市场日趋饱和，竞争的加剧，生意越来越差，办会员卡的人越来越少。而且不少会员把其卡里的钱用完后，会跑到别家办卡。

本来，前期为了吸引消费者，已给出了很大的优惠，几乎是赔本赚人气，为的是靠后期会员续卡来盈利。这时，一旦会员的续卡率上不去，为了把健身房开下去，只有一个办法，就是不断挖掘新客户。当然，吸引新客户，依然得赔本赚吆喝。不少新客户办了月卡后，也只是使用五六次。

后来，老板改变了玩法——采用会员激励模式。很快，这种商业模式就收到效果，不但来办会员卡的人多了，而且大家的积极性也提高了，每天抢着来健身。

他的方案是：顾客支付 1888 元年费成为会员，每来健身馆一天返 8 元。只需 200 多天就能把年费赚回来。如果一年 365 天，会员天天都来，健身馆除了每天返 8 元外，还要额外给 2000 元奖励。

有人会说：那我约几个朋友天天都去，健身馆岂不是要赔死？且不说你能否做到天天健身，对于大多数喜欢健身的人来说，一周平均锻炼三次左右，如此算下来，一年也就 150 次，可以得到 1200 元左右，实际消费了六七百元，这几百块就是健身馆的收入。但是，对于一些有时间才健身的人来说，一年下来，到健身馆的次数也就几十次。

这里，可以先做个假设，如果有 500 人办卡，可以得会员费 944000 元，平均算下来，每人一年到健身馆的次数为 100 次，返还额为 400000 元。即便除去极个别人可以拿到的 2000 元奖励，也有 50 多万元的盈余。

当然了，除了一部分人到健身馆打完卡，领了钱就走，其余的人在锻炼的过程中，也会有其他的消费，如买瓶饮料、吃点营养品，或是买条运动裤等，或是请个私教，上一次课程等，这些都是盈利点。

这样算下来，健身房年费虽然只有 1888 元，而且每天还要给顾客返钱，但顾客真想把身材练好，远不止要花这点儿钱。

如果是上了规模的健身馆，年费远不止 1888 元，可能是 3000 元、5000 元，甚至更多，通过这种模式吸纳 1000 名会员，不但可以解决请教练、租场地等的费用，以及三四个月的资金周转问题，还能剩下一部分资金，用来做稳健型的投资。所以说，这种模式的特点是营业额较高，沉淀的资金多，故周转不成问题。

这种免费健身模式，不是不要钱，而是一种吃亏、利他的商业模式——引流不是目的，而是开始，引流后要增加用户的黏性，进而延长利润链条，赚用户看不到的钱。

不可否认，会员激励商业模式是一种有效的营销手段，可以帮助企业吸引和留住客户，提升销售额和品牌影响力。在实施过程中，企业需要关注会员的需求和期望，不断创新和改进激励措施，以实现会员价值的最大化和企业的可持续发展。

积分制会员：星巴克的"星享俱乐部"

积分制会员商业模式是一种基于积分体系的会员管理制度，通过将会员的消费行为、参与活动等因素转化为积分，以此来激励会员的消费和参与，增加会员的忠诚度和黏性。在这种模式下，会员获得的积分可以用于兑换礼品、服务、折扣等奖励，或者提升会员等级，享受更多的专属权益。

要运用这种商业模式，须把握好以下几个关键点。

一是积分获取。会员可以通过购物、签到、分享、评价等多种方式获得积分。企业可以根据自身的业务特点和目标，设定不同的积分获取规则和积分奖励标准，以吸引会员积极参与。

二是积分兑换。会员获得的积分可以在企业的积分商城或者合作伙伴处兑换各种奖励，如实物礼品、虚拟商品、优惠券、折扣等。企业需要确保兑换的奖励具有吸引力和实用性，以满足会员的需求和期望。

三是会员等级。根据会员的积分数量、消费金额、活跃度等因素，将会员分为不同的等级。不同等级的会员享有不同的权益和服务，如高级会员可以享受更多的优惠、专属客服、快速配送等。会员等级的设置可以激发会员的消费欲望和升级欲望，增加会员的忠诚度和黏性。

四是数据分析。通过对会员的积分数据、消费数据、行为数据等进行分析，企业可以更好地了解会员的需求和偏好，为会员提供更加精准和个性化的服务。同时，数据分析也可以帮助企业优化积分体系和会员管理制度，提高营销效果和客户满意度。

星巴克是全球知名的咖啡连锁品牌，其成功不仅在于高品质的咖啡，还在于其独特的会员激励商业模式——星享俱乐部。这一模式有效地吸引了大量忠实顾客，并为星巴克带来了可观的收益。

在星享俱乐部中，顾客可以通过购买咖啡、食品以及其他商品来累积星星。每消费一定金额，顾客就可以获得一颗星星。随着星星数量的增加，顾客的会员等级也会相应提升，从银星级到玉星级，再到金星级。每个等级都对应着不同的权益和福利。

不同的会员等级对应不同的"特权"：

银星级：注册即可成为银星级会员，享受基本的会员权益，如积分累积、会员专享折扣等。

玉星级：累积一定数量的星星后，顾客可以升级为玉星级会员。玉星级会员除了享受银星级的所有权益外，还可以获得生日邀请券、买三赠一券等额外福利。

金星级：达到更高的星星数量后，顾客可以晋升为金星级会员。金星级会员可以享受玉星级的所有权益，并且还有机会获得星巴克定期赠送的专属优惠券和受邀参加星巴克举办的特别活动。

星巴克还会根据会员的消费行为和偏好，提供个性化的推荐和优惠，进一步增加会员的忠诚度和黏性。

另外，星享俱乐部还允许会员使用积分兑换各种奖励，如免费咖啡、蛋糕等。这种积分兑换制度不仅让会员感受到了积分的实际价值，还激发了他们继续消费和累积积分的动力。同时，星巴克还通过社交媒体和线上社区与会员进行互动，分享咖啡知识、新品信息以及会员故事等，进一步增强了会员的归属感和参与度。

通过这种积分制会员商业模式，星巴克成功地吸引了大量忠实顾客，并通过提供不同等级的会员激励措施，增加了顾客的忠诚度和黏性。

在实施积分制会员商业模式时，企业应重点关注以下几个方面，以确保该模式的成功落地和高效运行。

首先，积分体系的构建要简洁明了，易于理解。企业应确保会员能够轻松掌握积分获取、奖励兑换和等级升级等关键规则，避免烦琐复杂的操作给会员带来困扰。一个清晰、直观的积分体系不仅能够提升会员的参与度，还能增强其对企业的信任和忠诚度。

其次，积分奖励的设定要有足够的吸引力。企业应深入了解会员的需求和期望，提供具有实际价值的奖励，让会员感受到积分带来的实际好处。同时，应合理设置奖励的兑换门槛，既要确保企业利益，又要考虑会员的接受度，避免因门槛过高或过低而影响会员的积极性和参与度。

最后，会员服务的质量和水平至关重要。企业应提供全方位的会员服务，包括专属客服、快速配送、售后保障等，确保会员在享受积分制度带来的优惠和便利的同时，也能获得满意的服务体验。优质的服务能够增强会员的满意度和忠诚度，促进会员的持续消费和口碑传播，从而为企业带来更多的业务增长和市场份额。

商业实践一再证明，积分制会员商业模式是一种极为有效的会员管理制度。这一制度以其独特的魅力，在激烈的市场竞争中为企业打开了一扇吸引和留住客户的大门，从而为企业带来了一系列积极的商业效应。

充值型会员：赔钱买卖背后的商业逻辑

充值型会员商业模式是一种基于预付费制度的会员管理模式，会员通过提前支付一定的费用成为会员，并享受相应的会员权益和服务。这种模式的核心在于通过会员的预付费来锁定客户的长期消费，同时提供差异化的会员服务来增加客户黏性和忠诚度。

对于实体店而言，运用得最多的模式就是充值会员卡模式。虽然这一模式存在已久，但其运作方式在不断地演变。如果一直用多年前的那些玩法，可以肯定没什么效果。

会员卡最初的设计理念，是为了让持卡消费者在购物过程中享受到与普通消费者不同的待遇，从而感受到一种独特的贵宾体验。这种体验在心理上给消费者一种暗示，即他们的忠诚得到了商家的认可和回馈。然而，如今市场上的会员卡销售已经泛滥不堪。很多时候，会员卡甚至成了变相促销、欺诈性销售和商家卷款逃跑的代名词。信用卡、理财卡、贵宾卡、会员卡、VIP卡等各种卡片层出不穷，满大街都是发放的优惠卡。在这样的环境下，消费者对于"贵宾"已没了感觉。

因此，实体店若想要通过会员卡模式吸引和留住顾客，就必须重新审视并创新其会员卡策略，而不只是简单地将其作为一种促销手段。

某地一家火锅店推出一项会员充值优惠活动，力度不可谓不大——"仅需充值300元，即可尊享高达1700元消费券的豪华福利！"

具体活动细则如下。

（1）立即减免：充值300元成为尊贵会员，当次消费即享100元现金直减优惠。

（2）会员余额赠送：成功充值后，将额外赠送一张内含600元余额的会员卡。持此卡消费，尽享会员专属折扣与优惠。

（3）千元无门槛消费券：当会员卡内的600元余额消费完后，还将获得一张价值1000元的无门槛消费现金卡！此卡不设任何消费限制，无论消费金额多少，均可全额抵扣。

优惠力度如此之大，吸引了大量食客，甚至让同行和竞争对手都为之侧目，想要一探究竟。看似赔钱的买卖的背后，到底蕴含了哪些商业逻辑呢？下面，让我们来一探究竟。

首先，顾客只需充值300元即可成为会员，并享受当日消费金额直接减免100元的优惠。以平均客单价150元为例，顾客实际只需支付50元，大大降低了消费门槛，极大地提升了顾客充值的意愿。

其次，顾客将获得一张内含 600 元余额的会员卡。这 600 元并非一次性消费金额，而是由 300 元无门槛消费金额和 300 元消费理财金额两部分组成。当无门槛消费金额用完后，剩余的 300 元理财金额可用于后续消费，按照 10% 的比例抵扣现金。这种设计即锁定了顾客的后续消费。

最后，顾客将 300 元理财金额全部消费完后，将获 1000 元无门槛消费金额。然而，想要用完这 300 元理财金额可不容易，按照 10% 的抵现比例计算，顾客至少需要累计消费 3000 元。这样的设计鼓励顾客多次回头消费，从而增加客流量和销售额。

由此可见，这套活动方案不但可快速聚集人气、锁定后续消费，而且也能提升顾客的忠诚度。

时代和商业模式在变，会员制的玩法也在变，对于企业来说，最关心、头疼的就是客户问题，即客户来了之后，要如何成交？成交之后又如何再次让客户消费？最后又如何让客户推荐给他周围的人等。

付费制会员：麦德隆凭什么逆市开付费商超

付费制会员商业模式是一种基于会员订阅制度的商业模式，企业通过提供特定的会员服务，吸引消费者成为付费会员，从而实现盈利。这种商业模式在许多行业中都有应用，如电商、视频娱乐、音乐流媒体、健身房等。

在付费制会员商业模式中，企业通常会设立不同等级的会员制度，如普通会员、高级会员、VIP会员等,并为不同等级的会员提供不同的服务和权益。会员通常需要支付一定的费用才能享受这些服务和权益,而企业则通过收取会员费来实现盈利。

付费制会员商业模式的一大优势是,可以帮助企业建立稳定的客户群体,提高客户忠诚度,并通过提供个性化的服务和权益,满足不同消费者的需求。此外,会员费收入也可以为企业带来稳定的现金流,支持其持续运营和发展。

麦德隆,又称"麦德龙超市",是德国最大、欧洲第二、世界第三的零售批发超市集团,分店遍布全球各地。麦德隆仓储式超市是将超市和仓储合二为一的零售业态,省掉了传统零售企业独立的仓库和配送中心,以2B业务为特色。其商业模式主要基于现购自运的仓储式会员制商场,即收费会员制度是其商业模式中的核心组成部分。

麦德龙的收费会员制度主要针对商业客户和个人消费者,会员需要购买会员卡才能享受麦德龙提供的优惠和服务。会员卡通常分为不同的等级,如普通会员卡、高级会员卡和VIP会员卡等,不同等级的会员卡享有不同的权益和服务。会员需要支付一定的费用才能成为会员,并享受相应的会员权益。

那麦德龙的收费会员制度是如何落地的呢?

1. 会员卡办理

麦德龙在实体店服务台设立会员卡办理点,客户可以持有效证件(如身份证、驾驶证或护照等)到服务台进行办理。此外,麦德龙还在其官方网站和移动应用上提供在线办理会员卡的服务,方便客户随时随地办理。

2. 会员权益设定

麦德龙根据市场需求和客户反馈,设定不同等级的会员权益。例如,普通会员卡可以享受基本的购物折扣和积分累积;高级会员卡则可以享受更多的折扣、优先购买权以及专属的客户服务等;VIP 会员卡则提供更高级别的权益,如专属的购物顾问、定制化的商品推荐以及独家的优惠活动等。

3. 会员费定价

麦德龙根据提供的服务和权益以及目标会员群体的支付能力来制定会员费标准。会员费可以采用定期缴纳(如每个季度、每半年或每年等)或预付费方式收取,以确保会员费收入能够覆盖成本并实现盈利。

4. 会员关系管理

麦德龙建立完善的会员关系管理系统,通过收集和分析会员的购物行为、偏好和反馈等信息,为会员提供个性化的服务和权益。同时,麦德龙还加强与会员的互动和沟通,如定期发送电子邮件或短信推送优惠信息、举办会员专属活动等,以提高会员的满意度和忠诚度。

5. 会员制度推广

麦德龙通过多种渠道推广其会员制度,如实体店宣传、官方网站和社交媒体营销、合作伙伴推广等。此外,麦德龙还与第三方电商平台合作,在其平台上提供会员卡的销售和服务,以覆盖更广泛的客户群体。

付费制会员商业模式是一种强大而灵活的策略,有助于企业实现持续盈利、客户关系强化和市场拓展。然而,成功实施这一模式需要企业具备清晰的价值主张、创新能力、数据驱动决策能力,并提供更加优质和个性化的服务，以满足消费者的需求。

会员补贴：9.9元洗车，年收入上千万元的模式

会员补贴商业模式是一种常见的营销策略，其核心在于通过提供一系列的优惠、福利或补贴来吸引和保持会员的忠诚度和活跃度。这种模式旨在建立长期、稳定且有利可图的客户关系，并通过会员的持续消费来实现盈利。

在会员补贴商业模式中，企业通常会设定不同级别的会员，并为每个级别提供相应的优惠和补贴。这些优惠和补贴可能包括折扣、积分、返现、免费赠品、增值服务等。通常，会员级别越高，所享受的优惠和补贴也越多。

在这种模式下，企业可以通过提供诱人的优惠和补贴，吸引潜在客户成为会员，从而扩大客户基础。同时，也可以增加会员的满意度和忠诚度，降低客户流失率，增加老顾客的消费频次和消费金额。

下面来看一个现实中的案例。

周先生开了一家洗车店，店面20平方米，地段一般，月租8000元，招两个洗车工，人均工资4000元每月，再加上水电、物料，每月固定支出至少2万元。洗一辆车按20元算，平均一天洗30台，一天的营业收入600元，这样算下来，基本无利可图。有人会说，那提高洗车价格啊，洗一辆车30元，但即便如此，一月的营业收入也不过3万元，勉强保本，

更何况，提高单价，会流失一些客户。

要在这个行业立足，还要有钱可赚，一定要改变思维，创新模式。当下发达的互联网为洗车行业的转型、升级提供新的契机。在高人的指点下，他运用了一种新的商业模式——9.9元洗车。没错，是9.9元。很多人可能会一脸的问号，瞪着眼珠子说："疯了！你有什么资本这么玩？怕是会赔得连底裤都不剩。"

其实，靠赚洗车费，是很难支撑一个店面的，既然这部分钱很难赚，那就不去赚，而去赚常人看不到，也想不到的钱。怎么做呢？周先生是这么做的。

1. 销售会员卡

不是谁来洗车都9.9元！只有会员才能享受这个价。要成为会员很简单，购买一张会员卡，比如原价3800元，现在买可以打八折，或是七折。这样，客户就可以在店里以9.9元一次的价格洗一年车。客户一合计，一年的洗车费才三四千元，还有各种优惠，简直太划算了。

客户也可以往卡里充值，用不完的钱既可以退，也可以用来买车险，还可以到4S店消费，并且能享受一定的折扣优惠。这样一来，就很容易发展一批会员。当会员发展到一定人数，可深度挖掘并满足客户的消费需求。所以说，9.9元洗车看似赔钱，其实是为了更好地引流。

2. 和4S店合作

你可以和合作的4S店说，只要是来4S店买车或是消费的客户，不论新老，你都赞助他们价值1500元的三个月免费洗车券一份，持券再送免费打蜡一次，而且还送免费车队消毒杀菌一次，因为是免费的，又可以回馈老客户，所以4S店一般不会拒绝。如此，4S店会给你的店面引流。其中，你和4S店要谈的问题是：从4S店导流过来的客户，享受完免费服务后，每洗一次车、打一次蜡、杀一次菌等的价格问题。除此之外，也可以和4S店谈：向它们推荐一个客户，可以拿到多少佣金。

3. 和车险公司合作

和车险公司合作，有两种盈利途径。一是靠返点。如果客户通过你买车险，可以享受一定的折扣优惠。比如原价5000元的车险，通过你这里买只要4500元，而且还送500元的三个月免费洗车券一张，这样算下来，能帮客户省不少钱，客户何乐而不为？每卖出一份保险，可以让车险公司返10个点，即500元。

二是靠引流。比如，有个客户的车被撞了，去找维修店修，要花1000元。其实成本只有200元，维修店赚800元。如果客户去找保险公司理赔，自己不需要花钱，保险公司买单。这时，保险公司会给维修店600元，维修店赚400元。如果不和保险公司合作的话，维修店一天可能只接一两个客户，而和保险公司合作之后，虽然一个客户少赚400元，但能接七八个客户，算下来还是有利可图的。

有人可能会说，我们开的是洗车店，而不是维修店。其实，什么店不重要，重要的是逻辑——如果能维修，再好不过，不能维修，可以找一家维修店合作，适当让出一些利润便可。

4. 和加油店合作

例如，可以互宣互推，在加油站放洗车店的服务展架、广告、地图指示，在洗车店里，放置加油站的服务展架，或是客户洗多少次车，送面值多少钱的加油卡。同理，客户在加油站加够多少钱的油，可以送几次免费洗车卡，或是能享受9.9元洗车服务多少次。

以上四项措施，都是为了引流，而引流的根本目的，就是深挖客户的潜在需求。当你向客户提供9.9元的洗车服务时，其实，店内的各种玻璃水、车险、车垫，以及各种工艺品，甚至包括贴膜、修车、室内杀菌、音响改装等服务都可以顺带提供。总之服务项目越多，服务越到位，赚钱的空间越大。在你的店里买了玻璃水，就不再需要到其他地方买，在你这里买了贴膜，就无须再到其他店买。

例如，每天为30个客户洗车，其中可能会10个客户选择其他消费，即使按一个客户额外消费200元算，一天的营收就是3300元左右。试想，如果光靠洗车的话，按9.9元的价格，需要洗300多辆，那会赔得一塌糊涂。

可见，如果你不能提供足够多、足够好的服务，即便运用低价、免费，甚至倒贴的形式吸引到客户，也无法与其建立长期的信任，更不可能有持续的成交。

所以，9.9元洗车这种商业模式，前端要追求低价，在大家都认为赚钱的地方让利，而在大家看不到的角落充分挖掘客户的需求与价值，从而实现商业变现。

第十章
产品盈利模式：以利润为导向，以人才为中心

在激烈的市场竞争中，企业要想实现长期稳定的盈利，必须构建一种高效且可持续的产品盈利模式。这种模式不仅要以利润为导向，确保企业的经济收益，更要以人才为中心，发挥人才的创新力和执行力。

高价策略：茅台卖的不仅仅是酒

高价策略商业模式是指企业通过制定较高的产品价格来获取更高的利润和市场份额的一种商业模式。这种策略通常适用于具有独特品牌价值、高品质、稀缺性等特点的产品或服务。

高价策略有三大优势：首先，利润率高。高价策略可以使企业获得更高的单位产品利润，从而提升企业的整体盈利能力；其次，可以提升品牌形象。高价往往与高品质、高档次相关联，有助于提升产品的品牌形象和市场地位；最后，创造稀缺感。高价策略可以限制产品的供应量，创造稀缺感，吸引更多追求独特和高端的消费者。

茅台酒作为高价策略商业模式的成功范例，凭借其独特的产品魅力和精湛的市场运作，在市场上赢得了认可。

茅台酒的高价策略商业模式的成功应用主要体现在以下几个方面。

1. 独特的产品定位与价值塑造

茅台酒以其独特的酿造工艺、优质的原料和特定的地理环境为基础，成功塑造了一种高品质、高档次的产品形象。这种独特性不仅满足了消费者对高品质白酒的需求，还为茅台酒赋予了独特的文化价值和收藏价值。通过这种产品定位和价值塑造，茅台酒成功地将自己与其他白酒品牌区分开来，形成了独特的市场竞争力。

2. 精准的市场定位与营销策略

茅台酒在市场营销方面做得非常出色。它精准地定位了目标市场和消费群体，通过有针对性的宣传和推广，成功吸引了大量高端消费者和收藏者的关注。同时，茅台酒还善于利用各种营销手段，如限量销售、定制版酒具套装等，来提升产品的附加值和吸引力。这些营销策略的运用，不仅提高了茅台酒的市场份额，还进一步巩固了其在高端白酒市场的领导地位。

3. 严格的价格管控与渠道管理

茅台酒在价格管控和渠道管理方面做得非常到位。它通过建立完善的价格体系和销售渠道，确保了产品在市场上的价格稳定性和可控性。同时，茅台集团还注重与经销商的合作和共赢，通过合理的利润分配和激励机制，实现了对终端市场的有效掌控。这种严格的价格管控和渠道管理，不仅保证了茅台酒的高价策略得以顺利实施，还为消费者提供了更加便捷和可靠的购买渠道。

4. 持续的品牌建设与维护

茅台酒在品牌建设和维护方面投入了大量精力。它注重提升产品的品牌形象和知名度，通过各种方式加强与消费者的互动和沟通，建立了深厚的品牌忠诚度。同时，茅台集团还注重保护产品的知识产权和打击假冒伪劣行为，维护了品牌的声誉和消费者的利益。这种持续的品牌建设与维护，为茅台酒的高价策略提供了有力的支撑和保障。

茅台酒不仅是中国白酒的瑰宝，更是承载着深厚历史与文化底蕴的品牌。它所代表的，远远超出了酒液的醇香与精湛酿造工艺，而是融入了中华民族千年酒文化的精髓,成为高端生活方式的鲜明象征。对于众多消费者来说,购买茅台酒不仅是为了品尝其卓越的口感,更是为了体现自己的身份与地位,彰显对精致生活的追求。

因此,茅台酒销售的不仅是一种高品质的白酒,更是一种文化体验、一种尊贵身份的象征,以及一种值得投资和收藏的艺术品。茅台酒成功地将酒品转化为一种情感与文化的连接,让每一次品鉴都成为一次文化的沉浸与心灵的升华。这也是茅台酒能够在市场上持续保持高价销售的原因。

薄利多销:某知名连锁超市如何靠低价取胜

薄利多销商业模式是一种常见的销售策略,其核心思想是通过降低单位产品的利润,以较低的价格吸引更多的消费者,从而实现销售量的增加,进而获得整体利润的增长。

该商业模式适用于那些具有大量潜在客户、消费者对价格敏感且产品同质化程度较高的市场。通过薄利多销,企业可以迅速占领市场份额,提高品牌知名度,并在竞争激烈的市场中脱颖而出。

然而,薄利多销商业模式也存在一些挑战和风险。首先,降低价格可能会损害产品的品牌形象,使消费者认为产品质量不好。其次,如果企业过度依赖薄利多销策略,可能会陷入价格战,导致利润空间被进一步压缩。最后,如果企业无法有效控制成本,可能会面临亏损的风险。

因此,在实施薄利多销商业模式时,企业需要综合考虑市场需求、竞争状况、成本控制和产品差异化等因素。同时，企业还需要通过不断创新和提升服务质量来增强客户黏性，以实现可持续发展。

在零售业的激烈竞争中，低价策略一直是吸引消费者的有效手段。某知名连锁超市就深谙此道，凭借精湛的低价策略，在市场中稳扎稳打，赢得了消费者的青睐。

1. 精准定位，直击消费者痛点

该连锁超市首先通过市场调研，精准定位了自己的目标消费群体——追求性价比的家庭主妇、学生以及工薪阶层。针对这些消费者的痛点，超市推出了大量低价优质商品，如日常用品、食品、生鲜等，满足了消费者对实惠购物的需求。

2. 优化供应链，降低成本

为了实现低价销售，超市与供应商建立了长期稳定的合作关系，并通过大规模采购来降低进货成本。同时，优化物流配送体系，减少中间环节，确保商品从源头到货架的流程高效且成本可控。超市还采用了先进的库存管理系统，实时监控库存情况，避免库存积压和浪费。

3. 定期促销，营造购物狂欢

超市定期举办各种促销活动，如打折、满减、买一送一等。同时，会根据销售数据和消费者行为分析来调整促销策略，确保活动效果最大化。另外，通过社交媒体和广告宣传来提前预热活动，吸引更多消费者参与。

4. 会员制度，锁定忠实客户

为了进一步锁定忠实客户，超市推出了会员制度。会员可以享受更多优惠和专属服务，如会员专享价、积分兑换等。超市还会定期向会员推送个性化的购物推荐和优惠信息，提高会员的购物体验和复购率。同时，设立会员日或会员专享活动，增强会员的归属感和忠诚度。

5. 线上线下融合，拓宽销售渠道

超市通过线上线下融合的方式，实现了商品、价格、库存、订单等数据的实时同步。消费者可以在线上浏览商品、下单支付，并选择门店自提或送货上门的服务。同时，超市还在线上平台提供专属优惠券、限时秒杀等促销活动，吸引更多线上消费者。线下门店则通过提供体验消费、售后服务等方式与线上平台相互补充，形成完整的销售闭环。

另外，超市还注重收集和分析消费者反馈和数据来持续优化自身运营和服务质量。这些措施不仅提升了超市的竞争力，还为消费者带来了更好的购物体验。

当然，并非所有企业都适合采用薄利多销商业模式。对于那些追求高端市场、注重产品品质和客户体验的企业来说，可能更适合采用高利润、高品质、低销量的商业模式。因此，在选择商业模式时，企业需要根据自身的实际情况和市场环境做出明智的决策。

爆款模式：某公司如何把滞销品变成爆品

爆款模式的核心在于，通过打造一款或多款热销产品，快速吸引大量消费者关注和购买，从而实现销售增长和品牌推广。这种模式的成功往往依赖于对消费者需求的精准把握、产品的独特性和高品质，以及有效的营销策略。

在爆款模式下，企业通常会集中资源，全力打造一款具有差异化的产品，该产品往往具有创新性的功能、时尚的外观设计、高性价比等特点，能够迅速抓住消费者的眼球。同时，企业会配合各种营销手段，如广告宣传、社交媒体推广、口碑营销等，将产品推向市场，引发消费者的购买热潮。

爆款模式的优势在于它能够快速提升产品的知名度和销售量，从而为企业带来可观的收益。此外，爆款产品还能带动企业其他产品的销售，提升企业的整体品牌形象。

某公司推出了一款新型智能家居产品，由于定价策略失误和市场推广不足，致使产品滞销。面对仓库堆积如山的库存和日渐减少的现金流，公司急需找到一种方法来扭转颓势。为了将滞销的智能家居产品打造成爆品，提高销售量，减少库存，恢复现金流，公司采用了一种全新的商业模式——爆款模式。

其实操方法如下。

1.重新定位产品

公司首先对产品的功能、外观和定价进行了全面评估。在发现产品的功能齐全且外观设计时尚后，公司决定对产品进行重新定位，将其从单一的智能家居产品转变为提升生活品质的科技时尚家居配饰。

2.价格调整与促销策略

原定价过高是导致滞销的主要原因之一。公司迅速调整价格，使之符合目标消费者的心理预期。同时，设计了一系列促销活动，如买一送一、限时抢购、团购优惠等，吸引消费者的目光。

3. 社交媒体与 KOL 合作

公司积极与各大社交媒体平台合作，开展线上推广活动。邀请知名科技博主、家居设计师等对产品进行体验和推荐，通过他们的粉丝群体扩大产品的知名度。

4. 线下体验店与快闪店

在大型购物中心开设线下体验店，让消费者亲自感受产品的魅力。同时，在不同城市策划快闪店活动，利用好奇心和限时限量的策略吸引人们驻足购买。

5. 与电商平台合作

与主流电商平台合作，开设官方旗舰店，并利用平台的营销工具如优惠券、满减活动等吸引流量。同时，参与电商平台的大型促销活动，如双11、618 等，借助活动流量提升销售额。

6. 售后服务与客户关怀

重视售后服务，设立专门的客户服务热线和在线客服团队，及时解决消费者在使用过程中遇到的问题。同时，定期向已购买产品的消费者发送关怀邮件，提供产品使用技巧和优惠信息，增强客户黏性。

通过上述方法，公司的智能家居产品逐渐受到了消费者的关注和喜爱。销售量迅速攀升，库存问题得到了有效缓解。最终，这款原本滞销的产品成功翻身成为市场上的爆品，为公司带来了可观的利润和市场份额。

当然，爆款模式也存在一定的风险。首先，打造爆款产品需要投入大量的研发、生产和营销资源，如果产品未能成功引爆市场，企业可能会面临巨大的损失。其次，爆款产品的生命周期往往较短，随着市场竞争的加剧和消费者需求的变化，企业需要不断推出新的爆款产品来保持市场竞争力。

所以，企业在采用爆款模式时，需要充分考虑自身的资源实力和市场环境，制定切实可行的产品策略和营销策略。同时，企业还需要注重产品的持续创新和品质提升，以满足消费者不断变化的需求。

外包降本：×公司何以实现轻装上阵

外包降本模式是一种企业通过将非核心业务或流程外包给专业服务商，以降低成本、提高效率并实现企业核心竞争力最大化的商业策略。这种模式允许企业将资源和精力集中在核心业务上，同时享受专业服务商提供的规模经济、专业技术和经验等优势。

外包降本商业模式的主要优势体现在降低成本、提高效率方面。通过外包，企业可以避免在非核心业务上的大量投资，包括设备、人力资源和管理成本等。同时，专业服务商通常能够以更低的成本提供相同或更好的服务，因为他们可以在多个客户之间共享资源和设施。

×公司是一家知名的电子产品制造商，面临着市场竞争加剧和成本上升的双重压力。为了保持领先地位，×公司亟须找到一种有效的降本方式，同时确保产品质量和客户满意度不受影响。因此，×公司决定采用外包降本策略，将非核心业务外包给专业服务商。通过与多家服务商的深入沟通和比较，×公司最终选择了一家在电子产品制造领域具有丰富经验和专业技术的外包服务商。

该公司采取的措施包括以下几个。

1. 明确外包范围

首先明确了外包的业务范围，包括生产线的组装、测试、包装等环节。这些环节对于×公司来说并非核心业务，但占据了大量的资源和成本。

2. 建立严格的筛选标准

在选择外包服务商时，×公司制定了严格的筛选标准，包括服务商的专业能力、质量控制、交货期等方面。通过多轮评估和谈判，最终选择了最符合要求的服务商。

3. 制定详细的外包合同

×公司与外包服务商签订了详细的外包合同，明确了双方的权利和义务。合同中包括服务范围、质量标准、价格条款、交货期等关键内容，为双方的合作提供了法律保障。

4. 建立有效的沟通机制

为了确保外包业务的顺利进行，×公司与外包服务商建立了有效的沟通机制。双方定期召开会议，讨论生产进度、质量问题、改进措施等，确保信息畅通，问题及时解决。

5. 持续监控与评估

×公司对外包业务进行了持续的监控和评估。通过定期的质量检查、客户满意度调查等方式，确保外包服务商始终按照合同要求提供服务。同时，×公司也根据评估结果对服务商进行奖惩，激励其不断提高服务质量。

通过实施外包降本策略，×公司成功降低了非核心业务的成本，提高了整体运营效率。同时，由于专注于核心业务，×公司的产品质量和客户满意度也得到了显著提升。

外包降本商业模式虽然可以帮助企业降低成本、提高效率并集中精力发展核心业务，但是，这种策略也并非毫无风险和挑战。在实施外包降本商业模式时，企业需要充分认识和应对可能面临的问题，以确保外包策略的成功实施。

首先，要选择合适的外包服务商。企业需要评估潜在的外包服务商的专业能力、经验、声誉和服务质量等因素，确保选择的外包服务商能够满足企业的需求。

其次，要明确外包范围和目标。企业需要明确外包的业务范围和目标，以确保外包策略与企业的整体战略保持一致。

最后，要管理外包关系。企业需要建立有效的外包管理机制，包括合同管理、服务水平协议、绩效评估等，以确保外包服务的顺利进行并达到预期的效果。

从市场的角度看，外包降本商业模式是一种有效的资源配置方式。在激烈的市场竞争中，通过外包降本策略实现轻装上阵，是企业赢得竞争优势的有效途径。

渠道为王：可口可乐的渠道战略

"渠道为王"商业模式是一种强调渠道在商业运营中占据核心地位的策略。在该模式下，企业视渠道为连接自身与消费者的桥梁，将大量资源和精力投入构建、维护并优化广泛的分销网络上。通过掌握和控制有效的销售渠道，企业能够确保产品快速、准确地触达目标市场，从而在激烈的市场竞争中占据优势。

在"渠道为王"商业模式中，企业不仅关注产品的生产和销售，更重视如何高效地将产品传递给最终消费者。这要求企业与各类渠道成员，如零售商、分销商、批发商等，建立紧密的合作关系，共同打造强大的销售网络。同时，企业还须持续优化渠道管理，通过激励措施、消费者洞察以及灵活适应市场变化等手段，提升渠道成员的积极性和销售效率。

可口可乐作为全球知名的饮料品牌，其成功在很大程度上归功于其强大的分销网络和渠道战略。可口可乐一直秉承"渠道为王"的理念，通过构建和维护广泛的销售渠道，确保其产品能够覆盖全球各个角落。

1. 渠道构建

（1）直接渠道：可口可乐与大型零售商、超市和便利店等直接合作，确保产品在这些高流量的销售点有充足的陈列和供应。

（2）间接渠道：通过与分销商、批发商和地区性销售代理合作，可口可乐能够渗透到更小的零售店、餐馆和街头摊贩等。

（3）特殊渠道：在体育场馆、电影院、学校、机场等特定场所设置专门的销售点或合作伙伴关系。

2. 渠道管理

（1）激励措施：可口可乐为渠道成员提供各种激励，如销售回扣、市场推广支持和独家销售权等，以鼓励他们更积极地推广和销售产品。

（2）数据支持：通过提供销售数据和消费者行为分析，帮助渠道成员优化库存管理和销售策略。

（3）培训和支持：定期为零售商和分销商提供销售技巧、产品知识和市场趋势等方面的培训。

3. 渠道优化

（1）市场洞察：通过市场研究，可口可乐不断了解消费者偏好和购买行为的变化，从而调整渠道策略和产品组合。

（2）技术创新：利用数字化和智能化技术，如移动支付、智能货架和在线订货系统等，提升渠道效率和消费者体验。

（3）灵活适应：面对市场变化和竞争挑战，可口可乐能够迅速调整渠道策略，如增加新的销售渠道、调整价格策略或推出促销活动。

通过这一系列的渠道战略和措施，可口可乐成功地将其产品推向全球各个角落，实现了广泛的市场覆盖。这不仅提升了品牌知名度和市场份额，还帮助可口可乐与渠道成员建立了长期稳定的合作关系。

在实施该模式时，企业需要综合考虑自身情况、市场环境以及竞争态势等因素，确保该模式能够为企业带来长期的竞争优势。

产品迭代：华为不断提升服务与用户黏性

产品迭代商业模式是一种强调通过不断迭代和优化产品来适应市场变化、满足用户需求并实现商业成功的策略。在运用这种模式时，企业将产品视为一个持续进化的过程，而不是一次性完成的项目。通过不断收集用户反馈、分析市场需求和竞争态势，企业能够及时调整产品策略，推出更符合用户期望的新版本或升级产品。

该模式的核心功能在于快速响应市场变化和用户需求。企业通过建立敏捷的开发团队和流程，以及利用先进的技术工具和方法，能够迅速将用户反馈转化为产品改进。

华为是一家全球领先的信息与通信技术（ICT）解决方案供应商。其在通信网络、IT、智能终端和云服务等领域为客户提供有竞争力、安全可信赖的产品、解决方案与服务。特别是在产品方面，华为始终坚持以技术创新为核心，持续加大研发投入，加速产品迭代，从而极大地提升了产品的竞争力和用户黏性。

华为的产品迭代策略主要体现在以下几个方面。

1. 用户反馈驱动迭代

华为高度重视用户反馈，并将其作为产品迭代的重要依据。他们通过线上论坛、社交媒体、用户调研等多种渠道收集用户意见和建议。这些反馈会被仔细分析，并被纳入产品改进计划中。例如，在华为手机的系统更新中，用户反馈经常涉及性能优化、功能增强和界面改进等方面。华为会根据这些反馈调整产品策略，并在后续版本中进行相应的改进。

2. 小步快跑迭代策略

华为采用小步快跑的迭代策略，即频繁发布小规模的更新和改进，而不是等待长时间来推出大规模的产品升级。这种策略使得华为能够更快速地响应用户需求和市场变化。每个迭代周期都包含一系列的功能增强、性能提升和问题修复，确保产品持续进化并保持竞争力。

3. 引入新技术和功能

华为在产品迭代中引入新技术和功能，以提升产品的创新性和差异化。例如，在智能手机领域，华为不断推出具备先进摄像头技术、人工智能功能和长续航能力的新产品。这些技术和产品的引入是基于对市场和用户需求的深入洞察，并通过迭代不断优化和完善。

4. 跨部门协同与敏捷开发

华为强调跨部门协同工作，打破组织壁垒，促进信息共享和快速决策。在产品研发过程中，设计、研发、市场、销售等团队紧密合作，共同制订产品迭代计划，并确保按时交付。同时，华为采用敏捷开发方法，通过短周期的迭代和持续集成，快速将用户需求转化为实际的产品功能。

5. 严格的质量控制和测试流程

在每个迭代周期结束后，产品会经过全面的测试和验证，以确保新功能和改进不会引入新的问题。华为利用自动化测试工具、模拟用户场景和真实环境测试等手段，提高测试效率和准确性。只有经过严格测试并符合质量标准的产品才会被发布给用户。

产品迭代策略是一个动态的过程,需要企业根据市场变化、用户需求和技术发展等因素不断调整和完善。通过有效的产品迭代策略,企业可以不断提升产品的竞争力和用户满意度。

第十一章
共享模式：重塑企业人力资源职能

在数字化的今天，共享模式正逐渐改变着企业的运营方式和资源配置。其中，人力资源作为企业发展的核心要素，其职能和角色也在共享模式的推动下发生深刻变革。如何有效利用共享模式优化人力资源配置，是优化、迭代企业商业模式必须解决的问题。

只租不售：某净水机厂的共享商业策略

只租不售商业模式是一种特殊的共享策略，其核心在于企业通过拥有并维护其资产，而不是通过销售来实现盈利。这种模式不仅存在于房地产行业，也广泛应用于其他多个领域，如设备租赁、汽车租赁、服装租赁等。

在现实中，只租不售模式适用于那些具有稳定现金流、追求长期收益并具备专业商业运营能力的商家。

移动互联网时代，也是资源共享的时代，任何一个行业，只有挖掘自身更多的共享属性，嫁接更好的共享模式，方可赢得更大的发展空间。在进行市场、产品升级的同时，也需进行商业模式的升级——好的产品，好的服务，加上好的模式，才能消除用户的痛点，才能赢得好的市场。

比如，有些饮水机厂家现在开始尝试一种新的模式，不再卖饮水机，而是直接拿来共享。简单来说，就是与更多的代理商、经销商，或者是加盟商合作，让他们到各个城市去推广自己的产品。这可以说是一种全新业态模式，是传统净水器的"升级版本"。它以物联网和GPRS数据传输技术为载体。在这种商业模式下，用户可以免费使用机器，包括更换滤芯，机器维修等都由净水机公司负责。用户通过手机App即可快速查看水质、滤芯状态、定位最近距离净水器等，享受全新的智能化健康用水体验。企业可以通过云端控制与检测系统，远程对净水器进行实时监控、管理和费用计算。

某净水机厂家与一商家建立了合作，由厂家免费赠送10台饮水机，商家只需支付5万元的押金与1万元的服务费。商家将机器放置在机场等不同的地方，用户只需扫码，一次支付一两元，甚至几角钱，就可以喝到健康的纯净水，甚至都不需要自带水杯。商家的盈利点就是提成，这个可以和厂家协商，如果按20个点提成，那一年下来，如果10台饮水机的销售额为50万元，商家可以得到10万元的提成。也就是说，使用的人越多，商家的提成就越多。

当然，饮水机厂家也可以直接面对终端用户，而无须经过传统的"厂家—代理商—商家—用户"这种路径。如果一定要走这样的路径，共享模式也可以实现"四赢"。厂家可以通过免费赠送的方式，筹集大量资金，并搭建自己的平台与销售网络。代理商只要拥有资源，无须垫付太多资本，就可以坐享利润分成。商家既可以直接卖共享饮水机获利，也可以与厂家合作，通过租的形式来分享利润。用户花很少的钱就可以"租"到共享饮水机，并可享受一定期限的免费换滤芯服务。

所以说，这种共享商业模式也可以被理解为"体验+租赁"模式。除了租金，用户还需要缴纳一定的押金和安装费。但对于用户来说，使用净水机最大的成本是更换滤芯和维修保养，而共享饮水机完全解决了用户的这个痛点，用起来更经济，更省心。

例如，用户租了一台共享饮水机，一天的租金是一两元钱，或是按净水使用量付费，用多少花多少，如果哪天不想用了，可以随时退机，不用担心产品折旧。如果他是在临时办公场所使用，使用期是三个月，那只需支付一些押金和少量的安装费，以及不到一两百元的租金或使用费即可，这远比他买一台饮水机要划算得多。而且，在使用期间，用户还能享受厂家的上门服务。

共享饮水机在质量、使用的便捷性与成本，以及售后服务保障方面，都有着传统饮水机不可比拟的优势。随着新一代物联技术的发展与运用，在可预见的未来，随着共享饮水机的普及，用户只需通过一个 App 或是一些小程序，便可以轻松连接饮水机，实现水质检测、使用情况分析、线上装机、移机、在线充值续费等服务，无须再担心滤芯更换周期及水质安全等问题。

只租不售这种商业模式适用于多种行业和场景，尤其是在高价值资产、市场需求波动大以及服务导向领域表现突出。尽管面临着资产管理成本、信用风险、市场变化和法律法规遵守等挑战，但其仍然为企业提供了稳定的经济基础、良好的客户关系维护，以及灵活应对市场变化的能力。

资源共享：蜂鸟空间为年轻人提供办公空间

资源共享商业模式是一种基于共享经济的创新模式，它通过整合和优化社会闲置资源，实现资源的高效利用和价值最大化。在这种模式下，企业或个人通过共享平台将闲置资源分享给需求方，从而获得经济收益或降低成本。

第十一章 共享模式：重塑企业人力资源职能

资源共享商业模式的核心在于资源的共享和再利用。通过共享平台，资源所有者可以将闲置的资源提供给需要的人，从而实现资源的最大化利用。这种模式不仅可以减少资源的浪费，还可以降低需求方的成本，提高资源的利用效率。

蜂鸟空间是一个集工作空间、网络空间、社交空间和资源共享空间于一体的创新平台。它主要为年轻人、创业者以及小型团队提供一个充满活力、便利化和低成本的工作环境。其商业模式集合了共享经济、联合办公和服务型办公元素，核心部分包括以下几个内容。

1. 空间租赁

蜂鸟空间提供多种类型的办公空间租赁服务，包括独立办公室、开放式工位等，满足不同租户的需求。租赁期限灵活，可按月、季度或年度进行租赁。

2. 共享设施与服务

除了基本的办公空间，蜂鸟空间还提供共享设施如会议室、接待区、休息区等，以及一系列增值服务，包括行政支持、接待服务、IT技术支持、打印复印等，为租户提供便利的工作环境。

3. 社区与网络

蜂鸟空间注重营造社区氛围，通过举办各类活动如创业讲座、技能培训、社交聚会等，促进租户之间的交流与合作。同时，蜂鸟空间也利用数字平台建立在线社区，方便租户发布信息、共享资源和互动交流。

4. 定制化服务

根据租户的不同需求，蜂鸟空间提供定制化的服务方案，包括空间设计、装修服务、品牌推广等，帮助租户打造符合其业务需求和品牌形象的工作环境。

对于年轻人和创业者来说，蜂鸟空间不仅提供了一个高效、舒适的工作环境，还为他们搭建了一个拓展人脉、获取行业动态和寻找合作伙伴的平台。对于运营方来说，蜂鸟空间模式可以通过高效的空间利用和多元化的收入来源（如租金、增值服务收费等）实现盈利。

虽然蜂鸟空间模式在许多城市已经取得了成功，但仍然面临着诸如市场竞争、空间管理难度和租户需求多样性等挑战。

除了办公空间，共享商业模式在许多领域都有应用，如共享单车、共享汽车、共享充电宝等。这些共享平台通过整合社会上的闲置资源，为用户提供便捷、低成本的服务。同时，资源所有者也可以通过将闲置资源分享给需求方来获得经济收益。

总的来说，资源共享商业模式是一种新型商业模式，它通过整合和优化社会闲置资源，实现资源的高效利用和价值最大化。在未来，随着技术的不断发展和共享经济的普及，资源共享商业模式有望在更多领域得到应用和发展。

众包模式：微差事让用户利用碎片时间赚钱

众包模式是一种基于互联网的商业模式，它将过去由员工执行的工作任务以自由自愿的形式外包给非特定的大众网络。这些任务通常由个人来承担，但如果需要多人协作完成，也可以依靠开源的个体生产的形式出现。

该模式利用互联网将工作分配出去，发现创意或解决技术问题，并通过互联网控制来利用志愿员工大军的创意和能力。这些志愿员工具备完成任务的能力，愿意利用业余时间工作，满足于对其服务收取小额报酬，或者暂时并无报酬，仅仅满足于未来获得更多报酬的前景。

众包模式的目的是在不增加费用的前提下更有效地解决问题。它也被应用于企业为了找出更多更好的创意而发起投稿活动，参与者可以在完成任务后得到一笔报酬，而企业不仅能得到创意文案，还可以得到大众对产品的喜好等更加广泛的信息，同时省下了时间、人员增加等成本。

在现代商业环境中，许多企业都采用了众包模式来优化其运营和创新过程。例如，微差事就是一款基于众包模式的手机应用，它让用户能够利用碎片时间完成一些简单的小任务来赚取报酬。

那么，在微差事上，人们是如何利用碎片时间来赚钱的呢？主要有以下几个步骤。

1. 任务发布与接收

微差事平台上有大量的任务发布者，他们可能是企业、商家或个人，需要完成一些数据采集、市场调研、商业检查、互动营销等任务。这些任务被分解成若干个小任务，并通过微差事应用推送给用户。用户可以根据自己的兴趣和能力选择适合自己的任务。

2. 任务完成与审核

用户在接收到任务后，需要按照任务要求完成相应的操作，比如拍摄照片、填写问卷、检查商品摆放等。完成任务后，用户需要将结果提交给微差事平台进行审核。平台会对用户提交的任务结果进行审核，确保任务的质量和准确性。

3. 报酬计算与支付

审核通过后，微差事平台会根据任务的难易程度和完成质量给用户计算相应的报酬。报酬通常以积分或现金的形式发放到用户的账户中。用户可以在应用内查看自己的收益情况，并选择提现到支付宝等支付工具中。

4. 用户等级与任务难度

为了激励用户更好地完成任务，微差事平台还设置了用户等级系统。用户的等级会根据其完成任务的数量和质量进行提升，等级越高，用户就能够接收到更高级别的任务，从而获得更高的报酬。同时，平台也会根据用户的等级和能力为其推荐更适合的任务。

5. 社交与分享

微差事还提供了社交和分享功能，让用户之间可以互相交流、分享经验和技巧。这不仅增加了用户的参与感和归属感，还能帮助用户更好地完成任务和提高收益。

微差事通过众包模式将大量的小任务分发给用户，让用户能够利用碎片时间完成这些任务并赚取报酬。同时，平台还提供了丰富的功能和激励机制，以吸引更多的用户参与并提高他们的积极性和满意度。

众包模式在微差事中的成功应用，展现了其强大的潜力和价值。一方面，它能够充分利用互联网和移动设备的普及，将广泛的人力资源汇聚到一个平台上，形成巨大的合力。另一方面，它为用户提供了一种全新的赚钱方式。在传统的工作模式中，人们通常需要投入大量的时间和精力才能赚取报酬。而在众包模式下，用户可以根据自己的时间和能力灵活选择任务，实现工作与生活的平衡。

从人力资源的角度看，众包模式通过引入竞争和激励机制，进一步提高了任务完成的质量和效率。在微差事中，用户的等级和收益与他们的任务完成数量和质量密切相关。这种激励机制促使用户不断提升自己的能力和表现，为平台创造更大的价值。

综上所述，众包模式不但有助于实现任务发布者和用户的双赢，而且在提高工作效率、降低成本、激发创造力等方面有着一定的优势。因此，众包模式正逐渐成为现代商业和社会服务领域的一种重要创新模式。

共享股东：某公司无店铺、低风险经营模式

股东也能共享？当然可以。这是一种新的商业模式，其将共享经济的理念应用于传统的股权结构中，通过让更多的人成为公司的股东，分享公司的利润和增长，从而实现共赢。

具体来说，共享股东商业模式的核心思想是让更多的人成为公司的股东，共同分享公司的收益和增长。这些人可以是公司的员工、客户、合作伙伴，甚至是社会公众。通过向他们出售公司股份或提供股权激励计划等方式，让他们成为公司的共享股东，从而与公司形成更紧密的利益共同体。

这种模式的优点在于，可以激发更多人的积极性和创造力，促进公司的快速发展和壮大。同时，共享股东也可以享受到公司增长带来的收益，实现财富增值。此外，共享股东模式还可以增强公司的凝聚力和向心力，提高公司的社会声誉和品牌价值。

下面来看一个商业案例：某连锁咖啡店的共享股东计划。

某咖啡店希望通过共享股东模式实现快速扩张，缓解资金压力，并吸引更多消费者和忠实顾客成为品牌的合作伙伴。其想通过共享受股东计划筹集资金用于新店铺的开设和运营，并增加品牌曝光度和顾客忠诚度。

其具体的操作流程与方法如下。

1. 制订共享股东计划

内容包括确定每股投资金额和最低持股数量，设定共享股东的利润分配比例和方式，明确共享股东的权利和义务，如投票权、知情权、市场推广责任等。

2. 招募共享股东

招募方式主要包括：在该店现有顾客群体中筛选出潜在投资者，如经常光顾的忠实顾客、对咖啡行业有兴趣的人等；通过社交媒体、电子邮件、线下活动等方式宣传共享股东计划，并邀请潜在投资者参与；举办信息说明会或一对一沟通，解答潜在投资者的问题并提供详细资料。

3. 股东签约与资金筹集

与同意成为共享股东的投资者签订正式的股东协议，明确双方权益和责任。同时，共享股东按照约定支付投资金额，并获得相应股份。咖啡店将筹集到的资金用于新店铺的选址、装修、设备采购等。

4. 股东参与与品牌推广

设立专门的共享股东沟通平台,如微信群、Slack 频道等,方便股东之间的交流和信息共享。鼓励共享股东利用自己的社交网络和资源,进行品牌推广和市场营销。除此之外,定期举办共享股东活动,如股东大会、品牌体验日等,增强股东的归属感和参与感。

5. 利润分配与股东权益保障

根据共享股东计划,按季度或年度向共享股东分配公司利润。提供透明的财务报告和业务运营数据,保障股东的知情权和监督权。对于表现突出的共享股东,提供额外的奖励和激励措施,如股权激励、免费咖啡券等。

6. 持续优化与调整

咖啡店定期收集共享股东的反馈和建议,对共享股东计划进行优化和调整,并根据市场变化和公司经营情况,适时调整股份结构、利润分配比例等。同时,积极探索与其他合作伙伴的合作机会,如与知名咖啡豆供应商、连锁餐饮品牌等进行战略合作,提升品牌竞争力和市场份额。

通过以上操作流程与方法,该店成功实施了共享股东计划,获得了投资收益,并成功吸引了众多热爱咖啡、对餐饮行业有浓厚兴趣的个人成为其共享股东。

在实际操作中,共享股东商业模式需要建立完善的股权管理机制和利益分配机制,确保共享股东的权益得到充分保障。同时,公司也需要积极与共享股东沟通交流,听取他们的意见和建议,共同推动公司的发展。

需要注意的是,共享股东商业模式并不适用于所有类型的企业。对于一些初创企业和小型企业来说，由于资金和资源有限，可能无法承担向大量共享股东分配利润和权益的成本。因此，在选择是否采用共享股东商业模式时，企业需要根据自身的实际情况进行综合考虑。

数据共享：大数据驱动下的滴滴出行

数据共享商业模式主要基于大数据的应用，将数据作为一种有价值的资源，通过共享、交换、交易等方式，实现数据的商业价值。常见的数据共享商业模式有数据存储空间出租、数据平台模式、专业领域的数据共享等。这些商业模式都需要大量的数据支持，并且要求企业具备强大的数据处理和分析能力。

在大数据的时代背景下，滴滴出行凭借其独特的数据共享商业模式，成为智能交通服务领域的佼佼者。该模式的核心在于通过共享出行数据，实现司机与乘客之间的高效匹配，优化出行体验，同时为企业创造商业价值。

下面，我们以某大城市的滴滴出行为例，来简要分析这一商业模式的实际运作过程。

1. 需求产生

张先生因工作原因亟须在晚上 8 时从繁忙的市中心赶往机场。他拿出手机，打开了滴滴 App，输入了出发地和目的地。

2. 数据响应

滴滴的大数据系统在张先生提交需求的瞬间即开始工作。它不仅分析了张先生的出发地和目的地，还迅速调取了市中心的实时交通数据，包括道路拥堵情况、交通事故信息以及公共交通的运行状态。

3. 司机匹配

在确定了出行方案后，系统开始搜索附近的司机。它不仅考虑了司机的位置，还综合了车辆的类型（如是否为专车、是否有更大的行李空间等）、司机的历史评分和服务质量等因素。经过快速的筛选和比较，系统为张先生匹配了一位评分高、距离近且驾驶经验丰富的司机。

4. 行程开始

司机在接到订单后，立即确认了行程并开始前往张先生的位置。同时，张先生也可以在App上看到司机的实时位置和预计的到达时间。

5. 行程中

司机按照导航路线平稳驾驶，张先生则坐在后排座位上，通过App随时关注着行程的进展。他可以看到车辆当前的位置、速度以及预计的到达时间。当车辆遇到交通拥堵时，滴滴的大数据系统迅速做出反应，为司机重新规划了一条绕开拥堵的路线。

6. 行程结束

张先生安全到达机场，他在App上对司机和行程进行了评价。这些评价数据将被收集并分析，用于改进未来的服务。

通过大数据的共享和应用，滴滴出行为张先生提供了一次高效、便捷且安全的出行体验。这一模式不仅提高了出行效率和质量，还为企业创造了巨大的商业价值。

在实施这些商业模式时，企业需要注意数据的安全性和隐私保护。因为数据共享涉及大量的个人信息和企业机密，如果处理不当，可能会导致严重的后果。因此，企业需要建立完善的数据安全管理制度，确保数据的安全性和隐私保护。

第十二章
联盟模式：合理分配经营权与所有权

在波澜壮阔的商业海洋中，联盟模式以其独特的智慧，巧妙地分配经营权与所有权，构筑起一道坚固而灵活的商业防线。它不仅是企业间资源共享、优势互补的桥梁，更是激发创新活力、提升整体竞争力的利器。

股权众筹：某电影还没开拍就收回投资

股权众筹是一种基于互联网平台的融资模式，它允许创业者或企业通过向广大投资者出售一定比例的股份来筹集资金。这种模式通常适用于初创企业、小型企业或创新项目，它们可能难以从传统融资渠道（如银行、风险投资机构）获得足够的资金支持。

在这种商业模式中，创业者或企业在众筹平台上发布自己的项目或企业信息，包括项目介绍、融资目标、出让股份比例等。投资者则通过平台浏览项目，选择自己感兴趣并认为有投资潜力的项目进行投资。一旦投资完成，投资者就成为该项目的股东，享有相应的权益和回报。

比如在电影行业，你想赚钱，而且想稳赚不赔，除了片子质量要好，运营模式也要跟上。过去，花巨资完成了一部作品，在票房有保证的情况下，一般要上映一段时间后才能收回投资。如果今天依然遵循这种模式，那收回投资的时间成本就太高了。那能不能在开拍前，就获得可观的票房收入呢？这就涉及电影行业一种新的商业模式。

下面，简要介绍一下这种模式。

有一位导演计划拍一部贺岁片，还没有开机，一分钱没投，就预收了上千万的票房。他怎么做的呢？

他先完成一个片花，然后开始向投资人筹钱，当然不是通过在影片中

第十二章 联盟模式：合理分配经营权与所有权

植入广告来收费，而是卖电影票。没听错，是电影票！这个有点儿颠覆我们的"三观"。通常，只有电影上映，才有"卖票"一说。这里，提前向"观众"卖票，一张票50元，你花100元买了两张，到时你可以带着朋友去影院看，而且你买了票之后，就多了一个"投资人"的身份，也就是把这100元折算成公司的股权。如果上映后，票房非常好，那你可以凭借这些股权分红，这样100元投进去，到时会变成200元、500元，甚至1000元。为什么？票房好，溢价了。

当然，电影票可以经过多轮溢价，处于不同的筹备阶段，价位不同。刚有剧本的时候，价格比较便宜，临近上映时，价格会涨，因为马上可以收钱了。正如投资一家公司，在剧本阶段，相当于天使投资，最便宜，风险也最大；临近上映，类似明天就要IPO了，自然最贵。

要让这种商业模式落地，必须有自己的互联网售票平台。观众通过平台来认购电影票，而且只有完成交易，且不退票，才能享受到后续的股权收益。同时要强调的是，不转让电影版权，只转让电影的收益权。

相较于传统的运营模式，该商业模式的最大优势在于，认购的门槛低，只需买一张电影票就能扮演"投资者"角色，即使是上亿元成本的电影，几十元钱也能做股东，真正让电影投资成为全民参与，全民致富的一个投资项目。所以说，在产能过剩的今天，一部电影要有好的票房，要有较高的投资回报率，一定离不开好的商业运作，唯有如此才能卖得出、卖得好。

由此可见，股权众筹商业模式的一大优势就是降低了融资门槛。股权众筹使得更多的创业者和小型企业有机会获得资金支持，而无须满足传统融资渠道的严格要求和烦琐流程。同时，它可以吸引更多的个人投资者参与，从而分散投资风险并提高融资成功率。

当前，股权众筹商业模式也面临一些挑战和风险，如信息不对称、投资者保护不足、法律监管缺失等。因此，在选择参与股权众筹时，投资者需要充分了解项目信息、评估投资风险，并谨慎做出投资决策。

连锁模式：蜜雪冰城疯狂开店的背后

在商业世界中，人们常常须避免过度竞争，担心同一片小区域内过多的同类生意会相互削弱，导致大家的利润都受损。然而，在一些小县城，却经常出现这样一种现象：同一品牌的店铺竟然在一小块区域内密集开设了四家，比如蜜雪冰城。即便如此，还能赚到钱，这也足以说明其商业模式是可行的，是能经得住市场考验的。

那蜜雪冰城究竟运用了怎样的商业模式呢？是"直营连锁为引导，加盟连锁为主体"的销售模式。在这种模式下，蜜雪冰城通过直营门店展示品牌形象和服务标准，同时以加盟门店的快速扩张来抢占市场份额。

连锁经营是一种商业模式，它涉及一个企业（连锁总部）以某种形式（如直营、加盟等）拥有并控制多个分店或加盟店，这些分店在经营上实现一定程度的标准化和统一化。连锁经营的核心在于通过复制成功的经营模式，实现规模扩张和市场份额的增长。

在连锁经营模式下，连锁总部负责制定整体的经营策略、品牌形象、产品标准、营销策略等,而各个分店则需要按照总部的统一标准进行运营和管理。这种标准化的经营方式有助于提高品牌认知度、提升管理效率、降低成本、增强市场竞争力等。

连锁经营的优势主要体现在以下几个方面。

1. 品牌效应

所有蜜雪冰城的门店都遵循统一的品牌形象、产品标准和服务规范。这种标准化经营确保了消费者无论在哪家门店都能获得一致的产品体验和服务,从而增强了品牌的认知度和忠诚度。

2. 规模经济

通过集中采购、统一配送和标准化生产,蜜雪冰城降低了原材料成本、运输成本和人工成本,提高了整体运营效率。这种规模效应使得蜜雪冰城能够在价格上保持竞争力,吸引更多消费者。

3. 风险分散

多个分店或加盟店的布局可以分散市场风险,降低单一店铺经营不善对整个企业的影响。

4. 完善培训

通过完善的培训机制,蜜雪冰城确保加盟商具备开店所需的知识和技能,降低了经营风险。

5. 严格管理

蜜雪冰城建立了严格的管理制度,对加盟商进行定期评估和指导,确保其按照品牌标准进行经营。

此外,蜜雪冰城还打造了完善的加盟支持体系,如利用完善的物流配送体系，为加盟商提供准确、快捷、高效的配送服务。公司还设立了专门的管理部门，对加盟商进行严格的筛选和培训，确保其符合品牌的经营管理规范和标准。

通过这种连锁模式，蜜雪冰城在短时间内开设了众多门店，迅速占据了部分市场份额。这种快速扩张不仅提升了品牌知名度，还为蜜雪冰城带来了更多的盈利机会。

A＋B模式：肯德基与麦当劳的隐形"合作"

在商业竞争中，有时看似对立的两个品牌，在实际运营中却形成了一种微妙的共生关系。肯德基与麦当劳就是这样一对典型的例子。它们作为全球知名的快餐品牌，虽然表面上竞争激烈，但在市场布局和选址策略上却常常出现"你中有我，我中有你"的现象。

这种隐形的"合作"关系，可以被概括为A＋B模式。在这种模式下，A品牌和B品牌通过各自的市场策略和品牌定位，共同吸引消费者，形成互补效应，从而共同提升市场份额。

A＋B模式的运行原理主要基于如下几点。

1. 品牌定位差异化

肯德基和麦当劳虽然都是快餐品牌，但它们在品牌定位、产品特色和服务上存在一定差异。这种差异使得它们能够吸引不同类型的消费者，满足不同的消费需求。

2. 市场布局的互补

在选址策略上，肯德基和麦当劳往往会选择相近的地理位置进行布局。这样做的好处是可以共享人流量、交通便利等商业资源，同时形成品牌集聚效应，吸引更多消费者前来消费。

3. 竞争与合作并存

虽然肯德基和麦当劳之间存在竞争关系，但这种竞争并不排斥合作。在某些方面，它们甚至需要相互依赖才能取得更好的发展。例如，一家品牌的成功入驻往往会带动周边商业氛围的提升，从而为另一家品牌创造更好的市场环境。

4. 共同提升市场份额

通过 A+B 模式的运作，肯德基和麦当劳可以共同提升市场份额。它们之间的互补效应使得消费者在选择快餐时有了更多的选择空间，从而增加了整个快餐市场的吸引力。同时，这种合作模式也有助于提升消费者对快餐品牌的认知度和忠诚度。

比如，一些大型购物中心在招商过程中，经常会引入肯德基和麦当劳两大快餐品牌。这两家品牌往往位于购物中心的两个不同入口附近，形成了良好的互补效应。这样既避免了直接竞争带来的压力，又能够共享商业资源，形成双赢的局面。在产品方面，肯德基以炸鸡为主打产品，注重家庭式消费体验；而麦当劳则以汉堡为核心产品，强调快捷、便利的服务特点。这种差异化的品牌定位使得它们能够吸引不同类型的消费者群体，并在市场上取得良好的表现。

在人力资源和管理方面，肯德基和麦当劳都注重员工的选拔和培训。

它们通过完善的招聘流程和培训体系，确保员工具备专业素质和服务意识。同时，在日常运营中，两家品牌也注重团队协作和沟通协作能力的培养，以提高整体运营效率和服务质量。这种人力资源和管理的协同作用有助于提升品牌形象和市场竞争力。

通过对以上案例的分析，可以看到A+B模式作为一种基于市场竞争和消费者选择的隐形"合作"关系在商业实践中的重要意义。

市场是不断变化的，A+B模式也需要随着市场的变化而进行调整和优化。两个品牌需要密切关注市场动态和消费者需求的变化趋势，及时调整经营策略和产品创新方向。同时，也需要保持足够的灵活性和创新能力，以应对可能出现的新的竞争对手和市场机遇。

合伙模式：永辉超市的门店合伙人机制

合伙模式是一种较常见的商业运营方式，它基于共享风险、共享利润的原则，将不同个人或实体的资源、能力和专业知识结合在一起，共同追求商业目标。合伙模式的核心优势是资源共享、风险分散、知识与能力互补。

从整体来看，要成功实施合伙人机制，需把握如下几个流程。

1. 明确合伙目的和业务范围

在开始寻找合作伙伴之前，首先要明确自己的合作目的和业务范围。这有助于确定所需的合作伙伴类型、数量以及各自的角色和责任。

2. 寻找合适的合作伙伴

根据业务需求和市场情况,积极寻找潜在的合作伙伴。这可以通过社交媒体、行业协会、专业网站等途径进行。要确保合作伙伴与自己在业务理念、目标市场、专业能力等方面有较高的契合度。

3. 签署合作协议

在确定了合作伙伴后,双方需要签署一份合作协议。这份协议应明确各自的投资额、股权比例、角色和责任、利润分配方式、风险承担等重要事项。请务必在律师的指导下进行协议的起草和签署工作。

4. 注册公司或成立合伙企业

根据业务需求,可以选择注册公司或成立合伙企业。在这个过程中,需要完成企业名称的预先核准、提交相关材料并办理工商注册手续等。请遵循当地相关法律法规进行操作。

5. 共同制订业务计划

注册公司或成立合伙企业后,合作伙伴们需要共同制订一份详细的业务计划。这份计划应包括市场分析、目标客户、竞争策略、营销计划、财务预算等内容。这将有助于指导企业未来的运营和发展。

6. 开展业务运营

在制订了业务计划后,就可以开始开展业务运营了。在这个过程中,合作伙伴们需要密切协作,共同应对市场挑战,努力实现企业的盈利目标。

7. 监督与评估

在业务运营过程中,需要定期对企业的运营情况进行监督和评估。这有助于及时发现问题并采取相应的改进措施。同时,也可以根据业务发展情况对合作协议进行适时调整。

上述流程提供了一个基本的框架，但在实际操作中，企业可能需要根据自身的业务需求、市场环境、合作伙伴的特点等因素进行相应的调整。

永辉超市，作为国内知名的零售连锁企业，近年来在商业模式上进行了一系列创新。其中，门店合伙人机制就是其创新之一。这种合伙模式将员工与公司紧密地捆绑在一起，形成了一种共赢的利益共同体。通过让员工成为门店的合伙人，永辉超市不仅激发了员工的积极性，还提升了门店的运营效率和市场竞争力。

以永辉超市在某城市的一家门店为例，该门店采用了门店合伙人机制。通过选拔，该门店的店长和副店长被选定为合伙人。他们与公司签订了合伙协议，并共同出资设立了门店。

在门店的运营过程中，两位合伙人积极参与到了门店的日常管理中。他们与员工一起努力提升门店的服务质量和商品陈列水平，同时关注市场动态和消费者需求的变化，及时调整商品结构和促销策略。

在收益分配方面，该门店的利润按照出资比例在永辉超市和两位合伙人之间进行分配。由于门店的经营业绩良好，两位合伙人获得了可观的收益。同时，他们还因为出色的表现而获得了公司的额外奖励。

在风险承担方面，由于市场竞争加剧和消费者需求的变化，该门店一度面临了较大的经营压力。但两位合伙人没有选择放弃，而是与公司一起共同应对挑战。他们通过优化商品结构、提升服务质量等方式，最终使门店渡过了难关。

由此可以看出，永辉超市的门店合伙人机制有效地激发了员工的积极性和创造力,提升了门店的运营效率和市场竞争力。同时,这种机制也使得员工与公司形成了紧密的利益共同体,共同应对市场挑战。

总之,合伙模式是一种具有显著优势和潜力的商业模式。然而,要成功运用该模式并非易事,需要企业从策划阶段就进行深入研究,充分考虑各种可能的风险和挑战,制定出周密细致的合伙策略。同时,在合伙模式的实施过程中,还须保持高度的警觉和灵活性,不断根据市场变化和合伙人的反馈进行调整和优化。

跨界经营:"魔法王国"迪士尼的融合之旅

在当今这个多变且竞争激烈的商业环境中,企业要想脱颖而出,除了需要不断创新和优化自身产品外,更需要具备一种跨界的智慧,即能够洞察不同行业、不同市场之间的内在联系,通过整合资源和创新商业模式,实现跨越式发展。

简单来说,就是企业跨越自己原有的经营边界,通过与其他行业或企业的合作与创新,寻求新的发展机会和竞争优势。在实际应用中,跨界的形式多种多样。例如:小米公司通过跨界经营,涉足了手机、电视、智能家居等多个领域;特斯拉作为一家电动汽车制造商,跨界进入了能源存储和太阳能行业,通过推出 Powerwall 家用电池储能系统和 Solar Roof 太阳能屋顶产品,特斯拉旨在打造一个可持续的能源生态系统;星巴克作为一家全球知名的咖啡连锁店,跨界进入了音乐、电影和出版领域;等等。

迪士尼作为一个娱乐品牌,以其经典的动画角色、主题公园和电影而闻名于世。然而,迪士尼的成功并不仅仅局限于娱乐领域,它还通过跨界经营在多个行业中取得了卓越的成绩。

1. 跨界进入零售和消费品领域

迪士尼利用其强大的品牌影响力和丰富的角色资源,成功进入了零售和消费品领域。迪士尼在全球范围内开设了众多专卖店,销售与迪士尼角色相关的玩具、服装、文具等商品。此外,迪士尼还与各大零售商合作,推出联名产品,将迪士尼的魔法带入人们的日常生活中。

2. 跨界进入酒店和旅游业

迪士尼在世界各地建设了多家主题酒店,为游客提供沉浸式的住宿体验。这些酒店不仅设计独特,充满迪士尼的奇幻元素,还提供各种与迪士尼角色互动的活动,让游客仿佛置身于童话世界中。

3. 跨界进入数字媒体和技术领域

迪士尼推出了自己的流媒体平台Disney+,提供丰富的电影、电视剧和动画内容。通过与科技公司合作,迪士尼还将增强现实(AR)和虚拟现实(VR)技术应用于其产品和服务中,为消费者带来全新的娱乐体验。

迪士尼跨界经营的成功,得益于以下几个关键因素。

(1)强大的品牌影响力。迪士尼作为世界级的娱乐品牌,拥有广泛的受众基础和高度的品牌认知度,这为其跨界经营提供了有力的支持。

(2)丰富的角色资源。迪士尼拥有众多经典的动画角色和故事,这些资源可以灵活应用于不同领域的产品和服务中,增加产品的吸引力和附加值。

（3）持续的创新精神。迪士尼在跨界经营过程中始终保持创新精神，不断探索新的市场机会和合作方式，以满足消费者不断变化的需求。

（4）优质的客户体验。无论是迪士尼乐园、主题酒店还是零售商品，迪士尼都致力于提供优质的客户体验。通过精心设计和周到服务，迪士尼成功地将童话世界的魔法带入现实生活中，让消费者在享受产品的同时感受到快乐和满足。

迪士尼的跨界经营策略不仅拓展了其业务范围和市场份额，还进一步巩固了其作为全球领先娱乐品牌的地位。它通过有效利用品牌资源、持续创新和提供优质客户体验，在各个新领域都能够保持品牌的独特性和吸引力。

总之，跨界商业模式是一种有效的商业创新方式，能够帮助企业打破发展瓶颈、拓展市场空间、提升竞争优势。但是，在实施跨界商业模式时，企业需要充分考虑市场环境、消费者需求、资源整合等因素，确保跨界创新的可行性和长期性。